厚大®法考

2025年国家法律职业资格考试

万能金句·设问角度·三位一体

刑诉法

采分有料

主观题

向高甲◎编著 | 厚大出品

中国政法大学出版社

代总序

GENERAL PREFACE

做法治之光

——致亲爱的考生朋友

如果问哪个群体会真正认真地学习法律，我想答案可能是备战法考的考生。

当厚大的老总力邀我们全力投入法考的培训事业，他最打动我们的一句话就是：这是一个远比象牙塔更大的舞台，我们可以向那些真正愿意去学习法律的同学普及法治的观念。

应试化的法律教育当然要帮助同学们以最便捷的方式通过法考，但它同时也可以承载法治信念的传承。

一直以来，人们习惯将应试化教育和大学教育对立开来，认为前者不登大雅之堂，充满填鸭与铜臭。然而，没有应试的导向，很少有人能够真正自律到系统地学习法律。在许多大学校园，田园牧歌式的自由放任也许能够培养出少数的精英，但不少学生却是在游戏、逃课、昏睡中浪费生命。人类所有的成就靠的其实都是艰辛的训练；法治建设所需的人才必须接受应试的锤炼。

应试化教育并不希望培养出类拔萃的精英，我们只希望为法治建设输送合格的人才，提升所有愿意学习法律的同学整体性的法律知识水平，培育真正的法治情怀。

厚大教育在全行业中率先推出了免费视频的教育模式，让优质的教育从此可以遍及每一个有网络的地方，经济问题不会再成为学生享受这些教育资源的壁垒。

最好的东西其实都是免费的，阳光、空气、无私的爱，越是弥足珍贵，越是免费的。我们希望厚大的免费课堂能够提供最优质的法律教育，一如阳光遍洒四方，带给每一位同学以法律的温暖。

没有哪一种职业资格考试像法考一样，科目之多、强度之大令人咂舌，这也是为什么通过法律职业资格考试是每一个法律人的梦想。

法考之路，并不好走。有沮丧、有压力、有疲倦，但愿你能坚持。

坚持就是胜利，法律职业资格考试如此，法治道路更是如此。

当你成为法官、检察官、律师或者其他法律工作者，你一定会面对更多的挑战、更多的压力，但是我们请你持守当初的梦想，永远不要放弃。

人生短暂，不过区区三万多天。我们每天都在走向人生的终点，对于每个人而言，我们最宝贵的财富就是时间。

感谢所有参加法考的朋友，感谢你愿意用你宝贵的时间去助力中国的法治建设。

我们都在借来的时间中生活。无论你是基于何种目的参加法考，你都被一只无形的大手抛进了法治的熔炉，要成为中国法治建设的血液，要让这个国家在法治中走向复兴。

数以万计的法条，盈千累万的试题，反反复复的训练。我们相信，这种貌似枯燥机械的复习正是对你性格的锤炼，让你迎接法治使命中更大的挑战。

亲爱的朋友，愿你在考试的复习中能够加倍地细心。因为将来的法律生涯，需要你心思格外的缜密，你要在纷繁芜杂的证据中不断搜索，发现疑点，去制止冤案。

亲爱的朋友，愿你在考试的复习中懂得放弃。你不可能学会所有的知识，抓住大头即可。将来的法律生涯，同样需要你在坚持原则的前提下有所为、有所不为。

亲爱的朋友，愿你在考试的复习中沉着冷静。不要为难题乱了阵脚，实在不会，那就绕道而行。法律生涯，道阻且长，唯有怀抱从容淡定的心才能笑到最后。

法律职业资格考试不仅仅是一次考试，它更是你法律生涯的一次预表。

我们祝你顺利地通过考试。

不仅仅在考试中，也在今后的法治使命中——

不悲伤、不犹豫、不彷徨。

但求理解。

厚大®全体老师　谨识

缩略语对照表 ABBREVIATION

量刑意见	最高人民法院、最高人民检察院、公安部、国家安全部、司法部关于规范量刑程序若干问题的意见
排非规定	最高人民法院、最高人民检察院、公安部、国家安全部、司法部关于办理刑事案件严格排除非法证据若干问题的规定
排非规程	最高人民法院、最高人民检察院、公安部、国家安全部、司法部办理刑事案件排除非法证据规程
庭前会议规程	最高人民法院、最高人民检察院、公安部、国家安全部、司法部办理刑事案件庭前会议规程
刑诉解释	最高人民法院关于适用《中华人民共和国刑事诉讼法》的解释
认罪认罚指导意见	最高人民法院、最高人民检察院、公安部、国家安全部、司法部关于适用认罪认罚从宽制度的指导意见
量刑建议指导意见	人民检察院办理认罪认罚案件开展量刑建议工作的指导意见
高检规则	人民检察院刑事诉讼规则
羁押必要性审查、评估规定	人民检察院、公安机关羁押必要性审查、评估工作规定
网络犯罪案件意见	最高人民法院、最高人民检察院、公安部关于办理信息网络犯罪案件适用刑事诉讼程序若干问题的意见
取保候审规定	关于取保候审若干问题的规定
冤假错案工作机制意见	关于建立健全防范刑事冤假错案工作机制的意见
公安部规定	公安机关办理刑事案件程序规定
六机关规定	最高人民法院、最高人民检察院、公安部、国家安全部、司法部、全国人大常委会法制工作委员会关于实施刑事诉讼法若干问题的规定
法援值班办法	法律援助值班律师工作办法

目 录 CONTENTS

命题索引 INDEX

续表

续表

续表

续表

上篇

LECTURE

01

采分有料之考点储备

专题 1 理论热点话术储备

考点 1 以审判为中心的刑事诉讼制度改革

模拟问题-1 结合本案，谈谈你对以审判为中心的刑事诉讼制度改革的认识。

对应场景：案例中可能出现审判阶段的非法证据排除的场景：法院排除了庭前的非法证据，最后综合全案证据判定本案未达到定罪标准，依法作出无罪判决。这体现了审判程序对审前程序的制约，凸显了审判的中心地位。

法条索引《关于推进以审判为中心的刑事诉讼制度改革的意见》

采分有料

何为以审判为中心?	以审判为中心也就是我们常说的"审判中心主义"，是指在刑事诉讼的各个阶段中，都凸显审判的中心地位，将刑事审判作为整个诉讼的核心。
为何要坚持以审判为中心?	侦查阶段和起诉阶段均是刑事审判的预备阶段，只有审判才具有定分止争的权威性、终局性作用。在整个刑事诉讼过程中，只有在审判阶段才能决定被追诉人是否有刑事责任以及责任的大小。审判是司法活动的核心环节，是解决所有社会矛盾的终极手段，是社会公正的最后一道"防线"。
怎样做到以审判为中心?	"以审判为中心的刑事诉讼制度改革"的理论基础是审判中心主义理论，其包括以下三个方面的含义：

续表

怎样做到以审判为中心?	(1)实现庭审的实质化。要实现审判中心主义,首先要实现以庭审为中心,改变庭审虚置化、形式化的倾向,使庭审真正成为事实查明、证据认定、法律适用的核心,发挥庭审的把关作用,使法庭审理的案件经得起法律和历史的检验,实现法律效果和社会效果的统一。 (2)实现审判程序对审前程序的制约。充分发挥审判程序的诉讼制约功能,使侦查程序、审查起诉程序都围绕审判程序展开和进行;充分发挥审判保障诉权、尊重人权的功能,建立健全刑事诉讼中的司法审查机制。 (3)实现依法独立、公正行使审判权。审判中心主义就是要求依法独立行使审判权,实现"由审理者裁判,由裁判者负责"的审判权运行机制,坚持"无罪推定原则""证据裁判原则""疑罪从无原则",严格"排除非法证据",完善"证人出庭制度""当庭宣判制度"等,使审判真正担负起实现司法公正的重任。
别忘了结合本案	结合本案…… [非法证据排除][严格把握定罪标准][疑罪从无][直接言词][完善证人出庭制度]
最后口号升华	总之,推动以审判为中心的刑事诉讼制度改革,就是要坚持审判中心主义,发挥审判维护司法公正、引领社会公平正义的作用,努力让人民群众在每一个司法案件中感受到公平正义。

背诵金句

1. 以审判为中心就是将刑事审判作为整个诉讼的核心。
2. 只有审判才具有定分止争的权威性、终局性作用。
3. 审判中心主义理论包括以下三个方面的含义:

(1)实现庭审的实质化;

(2)实现审判程序对审前程序的制约;

(3)实现依法独立、公正行使审判权。

考点 2 量刑规范化改革

模拟问题-2 结合本案,谈谈你对量刑规范化改革的认识。

对应场景: 案例中,检察院因同一地区同一时期、案情相似的案件所判处的刑罚有明显差异而提出抗诉,要求考生针对某些法院同罪不同罚的现象,谈谈对量刑规范化改革的认识。

法条索引《量刑意见》

采分有料

What	量刑规范化，是指对于同一地区同一时期、案情相似的案件，所判处的刑罚应当基本均衡。
Why	在现行刑罚制度比较粗放、法定刑幅度较大、裁量空间较大的情况下，应当规范法官的自由裁量权，让法官的量刑越来越公正和精细，增强量刑的公开性，实现量刑公正，杜绝“同罪不同罚”，实现该宽则宽、当严则严、宽严相济、罚当其罪，确保裁判法律效果和社会效果的统一。
How	（1）引入量刑建议； （2）将量刑纳入法庭审理程序，建立和完善相对独立的量刑程序； （3）要求审判法官听取控辩双方以及其他当事人提出的量刑建议或意见，保障被告人能够获得充分的量刑辩护权，保障被害人参与量刑活动，允许有关方提交反映被告人行为危害性和人身危险性的社会调查报告； （4）要求人民法院在裁判文书中说明量刑理由。

背诵金句 规范法官的自由裁量权，杜绝“同罪不同罚”，实现量刑公正。

1. 引入量刑建议。
2. 建立和完善相对独立的量刑程序。
3. 听取控辩双方以及其他当事人提出的量刑建议或意见。
4. 法院在裁判文书中应当说明量刑理由。

考点3 认罪认罚从宽原则

模拟问题-3 结合本案，谈谈你对“认罪认罚从宽”价值的理解和认识。

对应场景：案例中，由于犯罪嫌疑人、被告人认罪认罚，法院适用了速裁程序依法对其作出从宽处理。该案因认罪认罚从宽原则的适用，实现了程序的简化，尊重了犯罪嫌疑人、被告人的人权，体现了认罪认罚从宽制度的优越性。

法条索引《认罪认罚指导意见》

采分有料

基本概念	认罪认罚从宽，是指犯罪嫌疑人、被告人自愿如实供述自己的犯罪行为，对指控的犯罪事实没有异议，同意检察机关的量刑建议并签署具结书的，可以依法从宽处理。
价值分析	认罪认罚从宽制度的价值分析如下： （1）体现了公正基础上的效率观。在这一制度下，大多数犯罪嫌疑人、被告人认罪认罚案件，有望通过犯罪嫌疑人、被告人的认罪认罚，实现审查起诉与法庭审理的简易

续表

价值分析	化，缩减办案期限。 (2) 体现了现代司法的宽容精神。这一制度既能够体现对犯罪嫌疑人、被告人权益的充分尊重，也利于彰显刑事追诉的人文关怀。 (3) 有利于探索形成非对抗的诉讼格局。这种格局使得刑事诉讼的部分环节得以简化或者省略，必将有效提升诉讼效率，减少刑事案件的信访申诉发生概率，从而有利于恢复被犯罪所破坏的社会关系。 (4) 有利于实现司法资源的优化配置。推动案件繁简分流，解决案多人少的矛盾，对于缓解司法资源的有限性和日渐增长的案件数量之间的紧张关系有其特殊意义。
观点总结	总之，适用认罪认罚从宽制度，对准确及时惩罚犯罪、强化人权司法保障、推动刑事案件繁简分流、节约司法资源、化解社会矛盾、推动国家治理体系和治理能力现代化，均具有重要意义。

背诵金句 认罪认罚从宽原则，体现了公正基础上的效率观，体现了现代司法的宽容精神（保障人权），有利于探索形成非对抗的诉讼格局，有利于实现司法资源的优化配置。

模拟问题-4 结合案情，试论述认罪认罚从宽原则的基本含义以及内涵和外延。

对应场景：要求考生能结合案情准确判断案例中的犯罪嫌疑人、被告人是否构成认罪、是否属于认罚以及如何从宽的问题。

法条索引《认罪认罚指导意见》第6~9条

采分有料

何为认罪?	(1) 犯罪嫌疑人、被告人自愿如实供述自己的罪行；(主动供) (2) 对侦查机关已经掌握的犯罪事实，明确表示承认。(被动认)
	采分1：承认指控的主要犯罪事实，仅对个别事实情节提出异议，或者虽然对行为性质提出辩解但表示接受司法机关认定意见的，不影响“认罪”的认定； 采分2：犯罪嫌疑人、被告人犯数罪，仅如实供述其中一罪或部分罪名事实的，全案不作“认罪”的认定，不适用认罪认罚从宽制度，但对如实供述的部分，人民检察院可以提出从宽处罚的建议，人民法院可以从宽处罚。
何为认罚?	(1) 在实体上，自愿接受所认之罪在实体法上带来的刑罚后果； (2) 在程序上，对诉讼程序简化予以认可。
	采分1：犯罪嫌疑人、被告人虽然表示“认罚”，却暗中串供，干扰证人作证，毁灭、伪造证据或者隐匿、转移财产，有赔偿能力而不赔偿损失，则不能适用认罪认罚从宽制度；

续表

何为认罚?	采分 2：犯罪嫌疑人、被告人享有程序选择权，不同意适用速裁程序、简易程序的，不影响“认罚”的认定。
何为从宽?	(1) 在实体上，给予相对更大的从宽幅度，以示对其认罪认罚的鼓励； (2) 在程序上，对犯罪嫌疑人、被告人适用比限制人身自由程度更轻的强制措施，作出轻缓的程序性处理或者适用更为便利和减少诉累的诉讼程序。
	采分 1：可以从宽不是一律从宽； 采分 2：主动认罪优于被动认罪，早认罪优于晚认罪，彻底认罪优于不彻底认罪，稳定认罪优于不稳定认罪； 采分 3：认罪认罚与自首、坦白不作重复评价。

背诵金句 犯罪嫌疑人、被告人自愿如实供述自己的罪行，承认指控的犯罪事实，愿意接受处罚的，可以依法从宽处理。

模拟问题-5 结合案情，试论述认罪认罚从宽原则在具体制度（适用范围、当事人权利保障）中的适用问题。

对应场景： 要求考生结合案情判断在各个诉讼阶段能否适用认罪认罚从宽原则，以及在该原则适用中如何保障双方当事人的权利。

法条索引《认罪认罚指导意见》第 5、10、16、18、49、50 条

采分有料

适用范围、适用阶段	(1) 认罪认罚从宽制度贯穿刑事诉讼全过程，适用于侦查、起诉、审判各个阶段。认罪认罚从宽制度没有适用罪名和可能判处刑罚的限定，所有刑事案件都可以适用，不能因罪轻、罪重或者罪名特殊等原因而剥夺犯罪嫌疑人、被告人自愿认罪认罚获得从宽处理的机会。但“可以”适用不是一律适用，犯罪嫌疑人、被告人认罪认罚后是否从宽，由司法机关根据案件具体情况决定。 (2) 被告人在侦查、审查起诉阶段没有认罪认罚，但当庭认罪，愿意接受处罚的，人民法院应当根据审理查明的事实，就定罪和量刑听取控辩双方意见，依法作出裁判。 (3) 被告人在第一审程序中未认罪认罚，在第二审程序中认罪认罚的，审理程序依照刑事诉讼法规定的第二审程序进行。第二审人民法院应当根据其认罪认罚的价值、作用决定是否从宽，并依法作出裁判。确定从宽幅度时应当与第一审程序认罪认罚有所区别。

续表

法律帮助	犯罪嫌疑人、被告人自愿认罪认罚，没有辩护人的，人民法院、人民检察院、公安机关（看守所）应当通知值班律师为其提供法律咨询、程序选择建议、申请变更强制措施等法律帮助。符合通知辩护条件的，应当依法通知法律援助机构指派律师为其提供辩护。
被害人权益保护	应当听取被害人及其诉讼代理人的意见，并将犯罪嫌疑人、被告人是否与被害方达成和解协议、调解协议或者赔偿被害方损失，取得被害方谅解，作为从宽处罚的重要考虑因素。被害人及其诉讼代理人不同意对认罪认罚的犯罪嫌疑人、被告人从宽处理的，不影响认罪认罚从宽制度的适用。犯罪嫌疑人、被告人认罪认罚，但没有退赃退赔、赔偿损失，未能与被害方达成调解或者和解协议的，从宽时应当予以酌减。犯罪嫌疑人、被告人自愿认罪并且愿意积极赔偿损失，但由于被害方赔偿请求明显不合理，未能达成调解或者和解协议的，一般不影响对犯罪嫌疑人、被告人从宽处理。

背诵金句 认罪认罚“无禁区”。

模拟问题-6 简述认罪认罚案件中，适用免予刑事处罚，需要满足什么条件。

对应场景：命题人可能结合实体法中的重大立功的条件，让考生从程序法角度把握认罪认罚案件适用免予刑事处罚的几个条件。

法条索引《刑事诉讼法》第182条第1款；《最高人民法院关于处理自首和立功具体应用法律若干问题的解释》第7条；《公安部规定》第188条第1款

采分有料

原则规定	犯罪嫌疑人自愿如实供述涉嫌犯罪的事实，有重大立功或者案件涉及国家重大利益的，经最高人民检察院核准，公安机关可以撤销案件，人民检察院可以作出不起诉决定，也可以对涉嫌数罪中的一项或者多项不起诉。
重大立功判断标准	①犯罪分子有检举、揭发他人重大犯罪行为，经查证属实；②提供侦破其他重大案件的重要线索，经查证属实；③阻止他人重大犯罪活动；④协助司法机关抓捕其他重大犯罪嫌疑人（包括同案犯）；⑤对国家和社会有其他重大贡献等表现。
	上述“重大犯罪”“重大案件”“重大犯罪嫌疑人”的标准，一般是指犯罪嫌疑人、被告人可能被判处无期徒刑以上刑罚或者案件在本省、自治区、直辖市或者全国范围内有较大影响等情形。
报请核准具体程序	犯罪嫌疑人自愿如实供述涉嫌犯罪的事实，有重大立功或者案件涉及国家重大利益，需要撤销案件的，应当层报公安部，由公安部商请最高人民检察院核准后撤销案件。报请撤销案件的公安机关应当同时将相关情况通报同级人民检察院。

背诵金句 如实供、大利功、高检核。

模拟问题-7 结合案情，试论述认罪认罚案件中，具结书签署的程序和效力。

对应场景：案例中，如果被告人认罪认罚签署具结书，有何程序要求？没有签署具结书是否违法？认罪认罚具结书是否具有法律约束力？具结书签署后，检察院向法院提出量刑建议的具体程序有何要求？

法条索引《量刑建议指导意见》第4、11、27、29～31条；《高检规则》第272、274、275条

采分有料

签署程序	（1）应当在辩护人或者值班律师在场的情况下签署认罪认罚具结书。犯罪嫌疑人有辩护人的，应当由辩护人在场见证具结并签字，不得绕开辩护人安排值班律师代为见证具结。辩护人确因客观原因无法到场的，可以通过远程视频方式见证具结。 （2）未成年犯罪嫌疑人签署具结书时，其法定代理人应当到场并签字确认。法定代理人无法到场的，合适成年人应当到场签字确认。
免签情形	（1）犯罪嫌疑人是盲、聋、哑人的； （2）犯罪嫌疑人是尚未完全丧失辨认或者控制自己行为能力的精神病人的； （3）未成年犯罪嫌疑人的法定代理人、辩护人对未成年人认罪认罚有异议的。
法律效力	对于认罪认罚案件，犯罪嫌疑人签署具结书后，没有新的事实和证据，且犯罪嫌疑人未反悔的，人民检察院不得撤销具结书、变更量刑建议。除发现犯罪嫌疑人认罪悔罪不真实、认罪认罚后又反悔或者不履行具结书中需要履行的赔偿损失、退赃退赔等情形外，不得提出加重犯罪嫌疑人刑罚的量刑建议。
量刑建议	（1）办理认罪认罚案件，人民检察院应当提出量刑建议。 （2）量刑建议可以另行制作文书，也可以在起诉书中写明。 （3）量刑建议一般应当为确定刑。对新类型、不常见犯罪案件，量刑情节复杂的重罪案件等，也可以提出幅度刑量刑建议。

背诵金句 盲聋哑、半疯傻，小孩法辩不认罚。

模拟问题-8 试论述认罪认罚案件中，法院对检察院指控的罪名和量刑建议的处理。

对应场景：认罪认罚案件中，检察院指控被告人构成盗窃罪，被告人也承认其盗窃罪行，法院认为检察院指控的罪名与其审理认定的罪名不一致时，该如何处理？如果法院认为检察院只是量刑建议明显不当，又该如何处理？

法条索引《刑事诉讼法》第201条

采分有料

实质错误当然不采	对于认罪认罚案件，人民法院依法作出判决时，一般应当采纳人民检察院指控的罪名和量刑建议，但有下列情形的除外：①被告人的行为不构成犯罪或者不应当追究其刑事责任的；②被告人违背意愿认罪认罚的；③被告人否认指控的犯罪事实的；④起诉指控的罪名与审理认定的罪名不一致的；⑤其他可能影响公正审判的情形。 命题分析：上述情形下，法院可以当然不采纳检察院指控的罪名和量刑建议。 记忆要点 无罪、无责、违意愿，否认、不一或其他，量刑建议不采纳。
量刑不当调整前置	人民法院经审理认为量刑建议明显不当，或者被告人、辩护人对量刑建议提出异议的，人民检察院可以调整量刑建议。人民检察院不调整量刑建议或者调整量刑建议后仍然明显不当的，人民法院应当依法作出判决。 命题分析：此情形下，法院应当告知检察院，检察院可以调整量刑建议。该程序为前置程序。 记忆要点 量刑建议显不当，应当告知其调整，仍然不当依法判。

模拟问题-9 试论述认罪认罚案件中，检察院的监督程序。

对应场景：

1. 被告人认罪认罚，检察院向法院提出了“判三缓四”的量刑建议，一审法院认为该量刑建议明显不当，直接判处被告人有期徒刑 2 年。法院的做法是否正确？检察院该如何监督？

2. 法院认为量刑建议明显不当，建议检察院调整，检察院拒绝调整，于是法院判处被告人有期徒刑 2 年。该程序是否合法？检察院又该如何监督？

法条索引《量刑建议指导意见》第 37、38 条

采分有料

程序违法	人民法院经审理认为量刑建议明显不当，未告知人民检察院调整量刑建议而直接作出判决的，人民检察院一般应当以违反法定程序为由依法提出抗诉。
量刑错误	认罪认罚案件审理中，人民法院认为量刑建议明显不当建议人民检察院调整，人民检察院不予调整或者调整后人民法院不予采纳，人民检察院认为判决、裁定量刑确有错误的，应当依法提出抗诉，或者根据案件情况，通过提出检察建议或者发出纠正违法通知书等进行监督。

模拟问题-10 试论述认罪认罚后，被告人反悔的处理。

对应场景：

1. 被告人认罪认罚，检察院依法向法院提出了从宽的量刑建议，然而，被告人在法庭上当庭反悔不认罪。法院、检察院分别该如何处理？

2. 在上述情景中，如果是在一审裁判后，被告人反悔，以量刑过重为由提出上诉，检察院又该如何处理？

法条索引《认罪认罚指导意见》第53条；《量刑建议指导意见》第34、39条

采分有料

当庭反悔不认罪	[假如] 问法院如何处理： 根据《认罪认罚指导意见》第53条的规定，案件审理过程中，被告人反悔不再认罪认罚的，人民法院应当根据审理查明的事实，依法作出裁判。需要转换程序的，依照本意见的相关规定处理。
	[假如] 问检察院如何处理： 根据《量刑建议指导意见》第34条的规定，被告人签署认罪认罚具结书后，庭审中反悔不再认罪认罚的，人民检察院应当了解反悔的原因，被告人明确不再认罪认罚的，人民检察院应当建议人民法院不再适用认罪认罚从宽制度，撤回从宽量刑建议，并建议法院在量刑时考虑相应情况。依法需要转为普通程序或者简易程序审理的，人民检察院应当向人民法院提出建议。
裁判后反悔上诉	根据《量刑建议指导意见》第39条的规定，人民法院采纳人民检察院提出的量刑建议作出判决、裁定，被告人仅以量刑过重为由提出上诉，因被告人反悔不再认罪认罚致从宽量刑明显不当的，人民检察院应当依法提出抗诉。

模拟问题-11 认罪认罚案件中的上诉问题。

对应场景1： 有观点认为，在认罪认罚案件中，如果控辩双方达成一致意见后，被告人签署了认罪认罚具结书，法院也按照检察院的确定刑量刑建议作出了判决，此时应当限制被告人的上诉权，原则上不应当允许被告人上诉。请对这一观点作出评价并给出理由。

法条索引《刑事诉讼法》第227条第3款

采分有料

该观点不正确。

1. 根据我国《刑事诉讼法》第227条第3款的规定，上诉权不受任何限制，上诉权是被告人的基本权利，应当予以充分保障。

2. 被告人反悔并上诉的理由多样，有的可能是在一审判决作出前后才发现或产生，不允许被告人上诉也有违刑事诉讼准确查明犯罪事实和尊重、保障人权的任务。

3. 目前，我国认罪认罚从宽制度中仍然存在一些问题，尤其是在认罪认罚过程中，被告人的知情权、法律帮助权和辩护权等尚未得到充分的保障，被告人尚难以对认罪认罚作出完全自愿且明智的决定，应当保留上诉这一权利救济途径。

对应场景2：一审法院认定被告人认罪认罚，依法从轻处理后，被告人反悔上诉，认为其归案后自愿认罪认罚，原判量刑过重，请求二审法院对其从轻处罚。二审法院能否加刑？

法条索引《刑事诉讼法》第227条第3款、第237条

采分有料

在只有被告人一方上诉的情况下，二审法院不得加重被告人的刑罚。首先，适用认罪认罚从宽程序的案件中，被告人的上诉权不能受限制。根据《刑事诉讼法》第227条第3款的规定，对被告人的上诉权，不得以任何借口加以剥夺。被告人虽然签署了认罪认罚具结书，据此获得量刑减让，一审宣判后又以量刑过重为由提出上诉，确实违背了其之前认罪认罚的承诺，其行为有违诚实信用原则，但根据现行法律的规定，被告人不服一审判决的，仍然可以提出上诉。其次，根据《刑事诉讼法》第237条的规定，第二审人民法院审理被告人或者他的法定代理人、辩护人、近亲属上诉的案件，不得加重被告人的刑罚。人民检察院提出抗诉或者自诉人提出上诉的，不受前款规定的限制。

因此，根据上诉不加刑原则的相关规定，在只有被告人一方上诉的情况下，二审法院不得加重被告人的刑罚。

对应场景3：因被告人不服一审判决，提出上诉，检察院认为被告人出尔反尔，不再符合认罪认罚的适用条件，遂提出抗诉。检察院的做法是否正确？

法条索引《刑事诉讼法》第228条；《量刑建议指导意见》第39条

采分有料

本案检察院提出抗诉不正确。根据《刑事诉讼法》第228条的规定，检察院提出抗诉必须具有法定的理由，即一审裁判确有错误。又根据《量刑建议指导意见》第39条的规定，认罪认罚案件中，人民法院采纳人民检察院提出的量刑建议作出判决、裁定，被告人仅以量刑过重为由提出上诉，因被告人反悔不再认罪认罚致从宽量刑明显不当的，人民检察院应当依法提出抗诉。可知，只有当检察院认为一审从宽量刑明显不当时，方可提出抗诉。

对应场景4：如果检察院认为被告人以认罪认罚形式换取较轻刑罚，再利用上诉不加刑原则提出上诉，反映出被告人认罚动机不纯，被告人上诉违背其认罚承诺，认罪认罚的从宽量刑幅度不应再适用，而应当加重处罚，这才有利于维护适用认罪认罚从宽制度的司法效果，故依法对被告人提起抗诉。二审法院是否应当加刑？

法条索引《刑事诉讼法》第227条第3款、第237条

采分有料

［观点1］针对此情形，检察院应当提出抗诉，二审法院应加重被告人的刑罚。被告人先前自愿认罪认罚，判决后以量刑过重为由提出上诉，是以认罪认罚形式换取较轻刑罚，再利用上诉不加刑原则提出上诉，反映出其认罚动机不纯，有违认罪认罚提高诉讼效率、节约司法资源的原则要求。因此，只有对被告人前认后翻、认罪不认罚的行为给予较重处罚，才能维护适用认罪认罚从宽制度的司法效果。（检方一般持此观点）

［观点2］适用认罪认罚从宽程序的案件中，被告人的上诉权不能受限制。即使本案检察院提出抗诉，如果综合全案证据，原判根据被告人的犯罪事实、情节及归案后的认罪悔罪表现，量刑并无不当，那么检察院的抗诉理由就不能成立，被告人请求再予从轻处罚的上诉理由亦不能成立，二审法院应当裁定驳回上诉、抗诉，维持原判。（审判方持此观点）

对应场景5：适用速裁程序审理的认罪认罚案件，被告人能不能上诉？如果被告人不服一审判决上诉，二审法院应当如何处理？

法条索引《认罪认罚指导意见》第45条

采分有料

适用速裁程序审理的案件，被告人不服的，也可以上诉。第二审人民法院审查后，按照下列情形分别处理：

1. 发现被告人以事实不清、证据不足为由提出上诉的，应当裁定撤销原判，发回原审人民法院适用普通程序重新审理，不再按认罪认罚案件从宽处罚。

2. 发现被告人以量刑不当为由提出上诉的，原判量刑适当的，应当裁定驳回上诉，维持原判；原判量刑不当的，经审理后依法改判。

考点4　司法责任制改革

模拟问题-12 结合案情，谈谈完善司法责任制对于促进司法公正的意义。

对应场景：案例中，某合议庭裁判的案件因被告人上诉被二审法院改判或发回重

审，审理本案的法官是否要被追责？要求考生结合案情，谈谈司法责任制改革的意义。

法条索引《最高人民法院关于进一步加强合议庭职责的若干规定》第10条

采分有料

基本内容	司法责任制主要包括三个方面：①职权配置，即由审理者裁判；②责任承担，既然把权力给了审理者，最后当然要由裁判者负责；③一旦发生错案，就要启动追责程序。
重大意义	推行司法责任制，意味着司法机关办案权力重心下移。过去司法机关办案，内部层层审批，终极性话语权在领导层；现在下移至主审法官、合议庭、主任检察官，遵循“谁办案，谁决定，谁负责”的原则，有助于建立权责明晰、权责统一的司法权力运行机制。通过司法责任制改革，法院、检察院的优秀人才集中到办案一线，法官、检察官独立对案件作出处理决定，增强了法官、检察官的责任心，案件服判息诉率明显提升，司法公信力得到明显提高。
喊出口号	总之，如果说建立公正、高效、权威、文明的社会主义司法制度是司法体制改革的终极目标，提高司法公信力是司法体制改革的近期目标或阶段性目标，那么，建立和完善司法责任制则是实现司法体制改革目标的必由之路。

背诵金句 遵循“谁办案，谁决定，谁负责”的原则，有助于建立权责明晰、权责统一的司法权力运行机制。通过司法责任制改革，法院、检察院的优秀人才集中到办案一线，增强了法官、检察官的责任心，司法公信力得到明显提高。

考点5 缺席审判制度

模拟问题-13 结合案情，谈谈缺席审判制度如何平衡惩罚犯罪和保障人权的理念。

对应场景：某贪污案，犯罪嫌疑人潜逃至境外，检察院依法向法院提起了公诉。本案在被告人缺席的情况下，法院开庭审理，依法对被告人作出了有罪判决。

法条索引《刑事诉讼法》第291~295条；《刑诉解释》第603条

采分有料

惩罚犯罪	刑事缺席审判制度体现了刑事诉讼惩罚犯罪的基本理念。建立刑事缺席审判制度，有利于及时对犯罪嫌疑人、被告人的人身刑进行判处。
保障人权	建立刑事缺席审判制度必须坚持惩罚腐败犯罪与保障被告人人权相平衡的原则。对于被告人而言，出席庭审是其一项重要的诉讼权利。一旦缺席审判，被告人将无法行使相关权利。刑事诉讼法具体通过以下制度来落实对被告人的人权保障：

续表

保障人权	（1）保障被告人的知情权。根据《刑事诉讼法》第292条的规定，人民法院应当通过有关国际条约规定的或者外交途径提出的司法协助方式，或者被告人所在地法律允许的其他方式，将传票和人民检察院的起诉书副本送达被告人。 （2）对刑事缺席审判的案件实行强制法律援助辩护制度。根据《刑事诉讼法》第293条的规定，人民法院缺席审判案件，被告人及其近亲属没有委托辩护人的，人民法院应当通知法律援助机构指派律师为其提供辩护。 （3）保障被告人的近亲属的参诉权。根据《刑诉解释》第603条的规定，被告人的近亲属参加诉讼的，可以发表意见，出示证据，申请法庭通知证人、鉴定人等出庭，进行辩论。 （4）赋予被告人及其近亲属独立的上诉权。根据《刑事诉讼法》第294条第1款的规定，人民法院应当将判决书送达被告人及其近亲属、辩护人。被告人或者其近亲属不服判决的，有权向上一级人民法院上诉。辩护人经被告人或者其近亲属同意，可以提出上诉。 （5）赋予被告人异议权。根据《刑事诉讼法》第295条第2款的规定，罪犯在判决、裁定发生法律效力后到案的，人民法院应当将罪犯交付执行刑罚。交付执行刑罚前，人民法院应当告知罪犯有权对判决、裁定提出异议。罪犯对判决、裁定提出异议的，人民法院应当重新审理。

背诵金句 建立刑事缺席审判制度必须坚持惩罚腐败犯罪与保障被告人人权相平衡的原则。

专题 2 大纲新增条文亮点储备

新增文件一：《排非规程》

考点 6 非法证据排除规则的诉讼价值探讨

模拟问题-14 结合案情，阐明非法证据排除规则的诉讼价值。

对应场景：案例中可能出现侦查人员采用暴力、威胁、非法限制人身自由等非法手段收集犯罪嫌疑人/被告人供述、证人证言或被害人陈述，从而引发非法证据排除规则的诉讼价值分析。

采分有料

非法证据排除规则的诉讼价值主要体现在以下三个方面：

保障人权	非法证据排除规则有利于保障犯罪嫌疑人、被告人的人权乃至每个公民的合法权益不受侵犯。本案中，排除……的供述等非法证据，对刑讯逼供等严重侵犯人权的取证行为进行否定性评价，有利于保障……的人权，同时，警示司法人员在以后的执法中应充分保障诉讼参与人的合法权益。
程序公正	非法证据排除规则有利于保障程序公正，保障诉讼程序独立价值的实现。本案中，通过排除……的供述等非法证据，彰显了诉讼程序的独立价值，有助于督促公、检、法机关严格遵守刑事诉讼法的规定，维护了诉讼程序的公正性，是诉讼程序公正价值的重要体现。
规范司法	非法证据排除规则有利于规范司法行为，维护司法权威，彰显法治精神。本案中，排除……的供述等非法证据，有利于抑制刑讯逼供等非法取证行为，督促司法机关及其工作人员树立惩罚与保护并重的司法理念，坚持规范、理性、文明执法，这对树立我国司法的权威具有重要意义。

背诵金句

1. 有利于保障犯罪嫌疑人、被告人的人权乃至每个公民的合法权益不受侵犯。
2. 有利于保障程序公正，保障诉讼程序独立价值的实现。
3. 有利于规范司法行为，维护司法权威，彰显法治精神。

模拟问题-15 谈谈非法证据排除规则如何平衡实体公正与程序公正的关系。

对应场景： 案例中可能涉及对非法证据的排除范围的判断。采用暴力、威胁以及非法限制人身自由等非法手段获取的犯罪嫌疑人/被告人供述、证人证言、被害人陈述不能作为定案依据，但是，考虑到实体公正的价值需要，针对实物证据，收集方法不符合法定程序，可能严重影响司法公正的，又给了办案人员补正或作出合理解释的机会。

法条索引《刑事诉讼法》第56条第1款；《排非规定》第1~7条；《刑诉解释》第123~126条

采分有料

非法证据排除规则在刑事诉讼中的确立，是立法者对实体公正与程序公正价值权衡的结果。

如果允许将采用非法手段取得的证据作为定案根据，对查明案情、实现国家的刑罚权是有帮助的，但这样做是以侵犯宪法保障的公民基本权利、违反程序公正为代价；反之，如果将采用非法手段取得的证据一律排除，则虽然体现了程序公正，但可能会影响到对案件真相的查明和犯罪的惩治。因此，从程序公正的理念考虑，我国《刑事诉讼法》第56条第1款明确规定，采用暴力、威胁以及非法限制人身自由等非法手段获取的犯罪嫌疑人或被告人供述、证人证言、被害人陈述不能作为定案依据，但是，考虑到实体公正的价值需要，针对实物证据，收集方法不符合法定程序，可能严重影响司法公正的，又给了办案人员补正或作出合理解释的机会。为了实现实体公正与程序公正之间的平衡，应当赋予法官对于采用非法手段获得的实物证据是否采用以一定的裁量权。从近现代刑事诉讼制度的发展趋势来看，程序公正的理念愈来愈受到重视，当实体真实与程序公正发生冲突时，各国越来越倾向于优先考虑程序公正。

背诵金句 如果允许将采用非法手段取得的证据作为定案根据，对查明案情是有帮助的，但这样做是以违反程序公正为代价；反之，如果将采用非法手段取得的证据一律排除，则虽然体现了程序公正，但可能会影响到对案件真相的查明和对犯罪的惩治。当实体真实与程序公正发生冲突时，优先考虑程序正义。

考点 7 非法证据排除的范围

模拟问题-16 结合案情，本案哪些非法证据不能作为定案依据？

对应场景： 案例中可能出现侦查人员采用暴力、威胁、引诱、欺骗等非法手段收集到的犯罪嫌疑人/被告人供述、证人证言或被害人陈述，通过违反法定程序的手段收集到的物证、书证，要求考生能准确判断哪些非法证据应当予以排除，哪些非法证据可以予以补正或作出合理解释。

法条索引《排非规定》第1~7条；《刑诉解释》第123~126条；《排非规程》第1~3条

采分有料

言词证据（绝对排）	（1）采用暴力、威胁以及非法限制人身自由等非法方法收集的证人证言、被害人陈述，应当予以排除。
	（2）采用下列非法方法收集的犯罪嫌疑人、被告人供述，应当予以排除： ①采用殴打、违法使用戒具等暴力方法或者变相肉刑的恶劣手段，使犯罪嫌疑人、被告人遭受难以忍受的痛苦而违背意愿作出的供述； ②采用以暴力或者严重损害本人及其近亲属合法权益等进行威胁的方法，使犯罪嫌疑人、被告人遭受难以忍受的痛苦而违背意愿作出的供述； ③采用非法拘禁等非法限制人身自由的方法收集的犯罪嫌疑人、被告人供述。
	（3）采用刑讯逼供方法使犯罪嫌疑人、被告人作出供述，之后犯罪嫌疑人、被告人受该刑讯逼供行为影响而作出的与该供述相同的重复性供述，应当一并排除，除非更换调查、侦查人员，其他调查、侦查人员再次讯问时告知有关权利和认罪的法律后果，犯罪嫌疑人、被告人自愿供述，或者审查逮捕、审查起诉和审判期间，检察人员、审判人员讯问时告知诉讼权利和认罪的法律后果，犯罪嫌疑人、被告人自愿供述。
	记忆要点 言词排非“暴”“限”“胁”，重复供述一并排，除非换人换阶段。
实物证据（相对排）	收集物证、书证违反法定程序，可能严重影响司法公正的，应当予以补正或者作出合理解释；不能补正或者作出合理解释的，对该证据应当予以排除。 记忆要点 非法实物相对排，补正解释方可采。

考点8 庭前排除非法证据的相关程序

模拟问题-17 侦查阶段，重大刑事案件讯问合法性的核查程序与非法证据排除程序。

对应场景：案例中可能考查无期徒刑、死刑案件，在侦查终结前，检察院驻看守所检察人员开展讯问合法性核查的程序启动、调查与处理结果。

法条索引《排非规程》第4、5条

采分有料

案件类型	可能判处无期徒刑、死刑的案件或其他重大案件。
时间节点	侦查终结前。（确保在移送审查起诉前完成合法性核查）

续表

责任主体	（1）侦查机关：应当书面通知检察院驻看守所检察人员开展讯问合法性核查； （2）检察人员：应当在侦查终结前询问犯罪嫌疑人，核查是否存在刑讯逼供等非法取证的情形，并全程同步录音录像。
核查意见书	检察院核查结束后，应当制作重大案件讯问合法性核查意见书，送达侦查机关。
通知排非	（1）对于经核查确有或不能排除刑讯逼供等非法取证情形的，应当通知侦查机关依法排除非法证据； （2）侦查机关对存在刑讯逼供等非法取证情形没有异议，或经复查认定确有刑讯逼供等非法取证情形的，应当及时依法排除非法证据。
排非后果	（1）不得作为提请批准逮捕、移送审查起诉的根据，并制作排除非法证据结果告知书，将排除非法证据的情况依法告知检察院； （2）重大案件讯问合法性核查意见书和被排除的非法证据应当随案移送，并写明为依法排除的非法证据。

记忆要点 死无重大必核查，驻所检察来把关；侦查终结前完成，同步录像不可缺；核查意见书面达，非法证据立即排；随案移送须标注，程序违法后果严。

模拟问题-18 审查批捕、审查起诉阶段的证据合法性调查程序。

对应场景：案例中，在审查起诉阶段，辩护人申请排除非法证据，并提供了线索或材料。检察院应当如何处理？如果排除非法证据，能否要求侦查机关重新取证？被排除的非法证据是否应当移送法院？

法条索引《排非规程》第6、7条

采分有料

启动方式	依职权启动	检察院在审查逮捕、审查起诉中自行发现侦查人员非法取证的，应当及时调查核实。
	依申请启动	犯罪嫌疑人及其辩护人申请排除非法证据，并提供线索或材料的，检察院应当受理并进行审查。
启动条件	根据现有材料无法证明证据收集合法性的，应当及时进行调查核实。（“存疑即查”）	
检察监督	（1）检察院认为可能存在非法取证情形的，可以书面要求侦查机关对证据收集的合法性作出说明； （2）对确有非法取证情形的，检察院应当依法向侦查机关提出纠正意见。	
排非情形	审查起诉期间，检察院经审查认为确有或不能排除刑讯逼供、非法取证情形的，应当依法排除非法证据。	

续表

排非后果	（1）不得作为提起公诉的依据； （2）检察院可以要求侦查机关另行指派侦查人员重新取证，必要时也可以自行调查取证； （3）检察院应当随案移送被排除的非法证据，写明为依法排除的非法证据，并将讯问录音录像及相关案卷材料一并移送法院。

考点 9 审判阶段排除非法证据的相关程序

模拟问题-19 开庭前申请排非的相关程序。

对应场景：案例中可能考查开庭前申请排非的时间、申请方式、申请条件、申请效果等问题。

法条索引《排非规程》第 8～18 条

采分有料

告知义务	法院向被告人及其辩护人送达起诉书副本时，应当告知其有权在开庭审理前申请排非并同时提供相关线索或材料。
申请时间	应当在开庭审理前提出申请，但在庭审期间发现相关线索或材料等情形除外。
申请方式	应当提交书面申请。被告人书写确有困难的，可以口头，但应当记录在案，并由被告人签名或捺指印。
申请条件	应当提供相关线索或材料。未提供相关线索或材料的，法院应当告知其补充提交。未补充的，法院对申请不予受理，并在开庭审理前告知被告人及其辩护人。
核查自认	被告人在检察院对讯问的合法性进行核查询问时，明确表示侦查阶段没有刑讯逼供等非法取证情形，在审判阶段又提出排除非法证据申请的，应当说明理由。法院经审查对证据收集的合法性没有疑问的，可以驳回申请。
申请效果	申请排除非法证据，且提供相关线索或材料的，法院应当召开庭前会议。
权利保障	（1）被告人申请排除非法证据，但没有辩护人的，法院应当通知法律援助机构指派律师为其提供辩护； （2）被告人申请排除非法证据的，法院应当通知被告人参加庭前会议。
庭前会议	开庭前，法院不能直接作出排除非法证据的决定，只是召开庭前会议，听取意见，了解情况。法院对证据收集的合法性有疑问的，应当在庭审中进行调查；对证据收集的合法性没有疑问，且没有新的线索或材料表明可能存在非法取证的，可以不再决定进行调查并说明理由。

模拟问题-20 庭审阶段证据收集合法性的审查与调查程序。

对应场景1：案例中可能考查庭审阶段，法院在什么条件下才会启动证据收集合法性调查？如果启动调查，应当按照何种步骤进行？

法条索引《排非规程》第19~21条

采分有料

迟到申请	开庭审理前未申请，庭审中提出申请的，应当说明理由。
启动调查	经审查，对证据收集的合法性有疑问的，应当进行调查；无疑问的，应当驳回申请。
调查时间	原则上应当先行当庭调查。对于被申请排除的证据和其他犯罪事实没有关联等情形，为防止庭审过分迟延，可以先调查其他犯罪事实，再对证据收集的合法性进行调查。在对证据收集合法性的法庭调查程序结束前，不得对有关证据出示、质证。
调查步骤	（1）宣布庭前会议中对证据收集合法性的审查情况及控辩双方的争议焦点； （2）辩方说明排除非法证据的申请及相关线索或材料； （3）公诉人出示证明证据收集合法性的证据材料，辩方可以对相关证据进行质证，经审判长准许，公诉人、辩护人可以向出庭的侦查人员或其他人员发问； （4）控辩双方对证据收集的合法性进行辩论。

对应场景2：庭审阶段，法院在调查证据收集的合法性时，如何分配举证责任？法院以辩护人未提出充分证据证明存在刑讯逼供为由，不予排除被告人的非法供述的，是否正确？

法条索引《刑事诉讼法》第58、59条

采分有料

初步证明	当事人及其辩护人申请法院排除非法证据的，应当提供相关线索或材料。这种证明标准只需达到“合法性有疑问”的程度即可。
举证责任	检察院应当对证据收集的合法性承担举证责任。这种证明标准需要达到确实、充分的标准；否则，该证据不得作为定案依据。

对应场景3：案例中可能考查法院对证据收集的合法性调查的处理结果及裁判结果。

法条索引《排非规程》第27~29条；《排非规定》第33~36条

采分有料

决定时间	调查后，应当当庭作出是否排除的决定。必要时可以宣布休庭，由合议庭评议或提交审委会讨论，再次开庭时宣布决定。在法庭作出是否排除决定前，不得对有关证据宣读、质证。

续表

排除情形	确认存在或不能排除存在以非法方法收集证据的。
排除效果	依法予以排除的非法证据，不得出示、质证，不得作为定案的根据。
裁判结果	排除非法证据后，案件事实清楚，证据确实、充分，能认定被告人有罪的，作有罪判决；证据不足，不能认定被告人有罪的，作无罪判决；案件部分事实清楚，证据确实、充分的，依法认定该部分事实。
裁判文书	审查、调查结论，应当在裁判文书中写明，并说明理由。

对应场景4：案例中可能考查二审阶段对证据收集合法性的审查程序和裁判结果。

法条索引《排非规程》第30~34条

采分有料

审查情形	二审法院应当对证据收集合法性进行审查的情形： (1) 一审法院未告知被告人申请排非的权利，二审中才提出申请的； (2) 对一审法院有关证据收集合法性的审查、调查结论有异议，提出上诉、抗诉的； (3) 在一审庭审后才发现涉嫌非法取证的相关线索或材料，二审中才提出申请的。 记忆要点 一审未告知申请，一审审查我不服，一审之后才发现。
禁止突袭	检方在一审中未出示证明证据收集合法性的证据材料，一审法院依法排除有关证据的，检方在二审中不得出示之前未出示的证据材料，但在一审后发现的除外。
审理结果	(1) 一审法院对排非申请未予审查，并以有关证据作为定案的根据，可能影响公正审判的，二审法院应当裁定撤销原判，发回重审。 (2) 一审法院对依法应当排除的非法证据未予排除的，二审法院可以依法排除非法证据。排除非法证据后，根据不同情形对案件依法作出处理。

新增文件二：《庭前会议规程》

考点10 庭前会议程序

模拟问题-21 庭前会议的相关程序问题。

对应场景1：案例中可能考查某案法院没有召开庭前会议是否合法的问题。

法条索引《庭前会议规程》第1、2条

采分有料

依职权	法院可以召开庭前会议的情形： （1）证据材料较多、案情重大复杂的； （2）控辩双方对事实、证据存在较大争议的； （3）社会影响重大的； （4）需要召开庭前会议的其他情形。 记忆要点 多、大、争议。
依申请	控辩双方可以申请召开庭前会议。法院经审查认为有必要的，应当决定召开。
强制开	辩方在开庭审理前申请排非，并提供相关线索或材料的，法院应当召开庭前会议。

对应场景2：案例中可能考查某案法院没有通知被告人参加庭前会议是否合法的问题。

法条索引《庭前会议规程》第4条第1~3款

采分有料

谁主持会议	庭前会议由审判长或承办案件的审判员主持，合议庭其他审判员也可以主持庭前会议。
谁应当参加	公诉人、辩护人应当参加庭前会议，检察官助理、律师助理可以协助。
谁可以参加	根据案件情况，被告人可以参加庭前会议；被告人申请参加庭前会议或申请排除非法证据等情形的，法院应当通知被告人到场。 **命题分析**：参加庭前会议是被告人的基本权利，申请必通知到场。

对应场景3：案例中可能考查法院召开庭前会议解决事项的问题。例如，能否作出排非决定？能否进行质证、辩论？能否就附带民事部分进行调解？

法条索引《庭前会议规程》第3、12、20、23条

采分有料

了解情况、听取意见	庭前会议中，法院可以就与审判相关的问题了解情况，听取意见，依法处理管辖、回避、出庭证人名单、非法证据排除等可能导致庭审中断的事项，组织控辩双方展示证据，归纳争议焦点，开展附带民事调解。
管辖问题	被告人及其辩护人对案件管辖提出异议，应当说明理由。法院经审查认为异议成立的，应当依法将案件退回检察院或移送有管辖权的上一级法院审判；认为本院不宜行使管辖权的，可以请求上一级法院处理。法院经审查认为异议不成立的，应当依法驳回异议。
证据问题	（1）庭前会议中，对于控辩双方决定在庭审中出示的证据，法院可以组织展示有关证据并由证据出示方简要说明证据证明内容，听取另一方的意见，梳理存在争议的证据；

续表

证据问题	(2) 控辩双方不质证、不辩论; (3) 对于控辩双方在庭前会议中没有争议的证据,庭审时举证、质证可以简化。
事实不清	法院在庭前会议中听取控辩双方对案件事实、证据的意见后,对于明显事实不清、证据不足的案件,可以建议检察院补充材料或撤回起诉。建议撤回起诉的案件,检察院不同意的,开庭审理后,没有新的事实和理由,一般不准许撤回起诉。

对应场景4:案例中可能考查对于在庭前会议中达成一致意见以及法院依法作出处理决定的事项,庭审中还能否再次处理的问题。

法条索引《庭前会议规程》第26条

采分有料

会议效力	对于控辩双方在庭前会议中达成一致意见以及法院依法作出处理决定的事项,法庭向控辩双方简要核实后当庭予以确认,除有正当理由外,一般不再进行处理。 [备考提示] 本条规定明确了庭前会议与庭审程序的衔接规则,核心在于固定庭前成果、防止程序反复,体现了"庭审中心主义"对庭前准备效力的尊重。
正当理由	(1) 新事实或新证据:庭前会议后发现足以推翻原结论的新线索(如庭前会议未掌握的刑讯逼供的录音); (2) 程序违法:庭前会议存在严重的程序瑕疵(如未通知被告人参与、未依法回避); (3) 法律适用变化:新颁布的司法解释导致原处理决定错误(如非法证据排除标准调整)。

新增文件三:《监察法》

考点11 《监察法》的修改亮点

模拟问题-22 监委会在调查职务犯罪过程中有哪些违法情形?

对应场景1:案例中可能考查新《监察法》增设的"强制到案"、"责令候查"和"管护"三项监察措施。

法条索引《监察法》第21、23、25、46条

采分有料

强制到案	(1) 监察机关根据案件情况,经依法审批,可以强制涉嫌严重职务违法或者职务犯罪的被调查人到案接受调查。

续表

强制到案	（2）强制到案持续的时间不得超过 12 小时；需要采取管护或者留置措施的，强制到案持续的时间不得超过 24 小时。不得以连续强制到案的方式变相拘禁被调查人。
责令候查	对于存在下列四种情形之一的被调查人，可以采取责令候查措施： （1）不具有《监察法》第 24 条第 1 款所列情形的； （2）符合留置条件，但患有严重疾病、生活不能自理的，系怀孕或者正在哺乳自己婴儿的妇女，或者生活不能自理的人的唯一扶养人； （3）案件尚未办结，但留置期限届满或者对被留置人员不需要继续采取留置措施的； （4）符合留置条件，但因为案件的特殊情况或者办理案件的需要，采取责令候查措施更为适宜的。
管　护	（1）对于未被留置的下列人员，监察机关发现存在逃跑、自杀等重大安全风险的，经依法审批，可以进行管护： ①涉嫌严重职务违法或者职务犯罪的自动投案人员； ②在接受谈话、函询、询问过程中，交代涉嫌严重职务违法或者职务犯罪问题的人员； ③在接受讯问过程中，主动交代涉嫌重大职务犯罪问题的人员。
	（2）采取管护措施后，应当立即将被管护人员送留置场所，至迟不得超过 24 小时。
	（3）监察机关采取管护措施的，应当在 7 日以内依法作出留置或者解除管护的决定，特殊情况下可以延长 1~3 日。

对应场景 2：案例中可能考查新《监察法》对留置时间的延长。

法条索引《监察法》第 48 条

采分有料

3 个月	留置时间不得超过 3 个月。
+3 个月	在特殊情况下，可以延长 1 次，延长时间不得超过 3 个月。省级以下监察机关采取留置措施的，延长留置时间应当报上一级监察机关批准。
+2 个月	对可能判处 10 年有期徒刑以上刑罚，监察机关依照前述规定延长期限届满，仍不能调查终结的，经国家监察委员会批准或者决定，可以再延长 2 个月。
重新计算	省级以上监察机关在调查期间，发现涉嫌职务犯罪的被调查人另有与留置时的罪行不同种的重大职务犯罪或者同种的影响罪名认定、量刑档次的重大职务犯罪，经国家监察委员会批准或者决定，自发现之日起依照本条第 1 款的规定重新计算留置时间。留置时间重新计算以 1 次为限。

记忆要点 3+3+2+6。

专题 3 证据与证明

考点 12 证据的“三大”属性

模拟问题-23 结合案情，从证据的“三性”分析××证据是否具有可采性。

对应场景：案例中，如果要审查某项证据能否作为定案依据，同学们可以从证据的基本属性方面加以分析。证据可能因不满足“三性”而不得作为定案依据。

采分有料

客观性	客观性，又称真实性，是指证据必须是客观存在的事实，不以人的主观意志为转移。 **命题分析：**任何主观想象、虚构、猜测、假设、臆断、梦境以及来源不清的道听途说等并非客观存在的材料，都不能成为刑事诉讼中的证据。
关联性	关联性，又称相关性，是指证据必须与案件事实有客观联系，对证明刑事案件事实具有某种实际意义；反之，与案件无关的事实或材料，都不能成为刑事诉讼中的证据。 **命题分析：**类似事件、品格事实、表情、被害人过去的行为都与案件事实不具关联性。
合法性	合法性，是指对证据必须依法加以收集和运用。 **命题分析：**证据的合法性需要满足以下条件：①证据的收集和运用，主体要合法；②证据的形式应当合法；③证据的提供、收集和审查，必须符合法定的程序要求；④证据必须经法定程序出示和查证。

背诵金句 证人张三的证言是其猜测的内容，因不具备证据的客观性（真实性），所以不能作为定案依据。被告人李四的品格事实，因与待证案件事实无关，不具备证据的关联性，所以不能作为定案依据。被害人王五的陈述，是以威胁手段收集的，属于非法证据，不具备证据的合法性，所以不能作为定案依据。

考点 13 证据的“三大”原则

模拟问题-24 简述证据裁判原则的含义。

对应场景：命题人要求考生通过分析全案的证据材料，从证据裁判原则角度判断对被告人能否定罪。

法条索引《刑事诉讼法》第 55 条

采分有料

含　义	证据裁判原则，又称证据裁判主义，是指对于诉讼中事实的认定，应依据有关的证据作出；没有证据的，不得认定事实。
内　容	在现代诉讼制度下，证据裁判原则至少包含以下四个方面的含义： (1) 对事实问题的裁判必须依靠证据，没有证据，不得认定事实； (2) 裁判所依据的必须是具有证据资格的证据； (3) 裁判所依据的必须是经过法庭调查的证据，除非法律另有规定； (4) 综合全案，证据必须达到法定的定罪标准才能认定案件事实。 记忆要点 靠证据、具资格、经查证、够标准。

背诵金句 根据证据裁判原则，对于诉讼中事实的认定，应依据有关的证据作出；没有证据，不得认定事实。本案中，综合全案证据，尚不能排除合理怀疑，故不能认定被告人有罪。

考点 14 证据的“八大”法定种类

模拟问题-25 结合案情，试判断本案的 ××× 属于何种证据种类。

对应场景： 命题人要求考生对案例中的证据材料进行识别，判断其属于何种法定证据种类。

法条索引《刑事诉讼法》第 50 条；《刑诉解释》第 100 条第 1 款、第 101 条

采分有料

1. 物证	以其外部特征、存在场所和物质属性来证明案件事实的实物和痕迹。
2. 书证	以所记载的内容和表达的思想来证明案件事实的书面文件或其他物品。 **命题分析：** 判断书证的三要件：①内容有关；②物质载体；③案发中（诉讼外）形成。
3. 证人证言	证人就其所感知的案件情况向公安司法机关所作的陈述。
4. 被害人陈述	被害人就其受害情况和其他与案件有关的情况向公安司法机关所作的陈述。
5. 犯罪嫌疑人、被告人供述和辩解	犯罪嫌疑人、被告人就与案件有关的事实情况向公安司法机关所作的陈述。 **命题分析：** 同案犯之间的揭发，如果是共犯内的事实揭发，属于口供；如果是共犯外的事实揭发，则属于证人证言。

续表

6. 鉴定意见	受公安司法机关指派或聘请的鉴定人，对案件中的专门性问题鉴定后所作的书面意见。
7. 勘验、检查、辨认、侦查实验等笔录	办案人员在勘验、检查、辨认、侦查实验活动中所作的记录。
8. 视听资料、电子数据	（1）视听资料，是指以录音、录像、计算机磁盘所记载的音像信息来证明案件真实情况的资料。 **命题分析：**讯问时的同步录像，记录犯罪嫌疑人交代自己犯罪经过的内容的，属于口供；但如果用其证明刑讯逼供是否发生，则属于视听资料。
	（2）电子数据，是指案件发生过程中形成的，以数字化形式存储、处理、传输的，能够证明案件事实的数据。 **命题分析：**判断电子数据的三要件：①内容有关；②数字化载体；③案发中（诉讼外）形成。
9. 专门性问题的报告	因无鉴定机构，或者根据法律、司法解释的规定，指派、聘请有专门知识的人就案件的专门性问题出具的报告，可以作为证据使用。（《刑诉解释》第100条第1款）
10. 事故调查报告	有关部门对事故进行调查形成的报告，在刑事诉讼中可以作为证据使用。（《刑诉解释》第101条）

背诵金句 重证据，重调查研究，不轻信口供；仅有供述不能定案，证据充分没有供述也能定案。

模拟问题-26 结合案情，试判断本案的各类证据中，哪些不能作为定案依据。

对应场景：命题人要求考生对案例中的各种证据进行综合审查，判断该证据能否作为定案依据。

法条索引《刑诉解释》第四章第二至九节；《冤假错案工作机制意见》第8条

采分有料

物证、书证	**法条索引**《刑诉解释》第83、84、86条 **记忆要点** 物证、书证不能作为定案依据的情形可概括为："真伪不明""来源不明""无法解释"。

续表

证人证言、被害人陈述	法条索引《刑诉解释》第 88、89、91、125 条 记忆要点 证人证言、被害人陈述不能作为定案依据的情形可概括为："麻醉""猜测""未个别""核对""翻译""暴、限、胁""拒绝出庭不真实"。
被告人供述	法条索引《刑诉解释》第 94、123 条；《冤假错案工作机制意见》第 8 条 记忆要点 被告人供述不能作为定案依据的情形可概括为："核对""翻译""无法代""场外""音、像""暴、限、胁"。
鉴定意见	法条索引《刑诉解释》第 98、99 条 记忆要点 鉴定意见不能作为定案依据的情形可概括为："见错就排"。
勘验、检查、侦查实验笔录	法条索引《刑诉解释》第 103、107 条 记忆要点 勘验、检查笔录不能作为定案依据的情形可概括为："无法解释"；侦查实验笔录不能作为定案依据的情形可概括为："条件差异"。
辨认笔录	法条索引《刑诉解释》第 105 条 记忆要点 辨认笔录不能作为定案依据的情形可概括为："没有侦调来主持，指示预见个混混"。
视听资料、电子数据	法条索引《刑诉解释》第 109、114 条 记忆要点 视听资料、电子数据不能作为定案依据的情形可概括为："真伪不明、无法解释"。
专门性问题的报告	法条索引《刑诉解释》第 100 条 记忆要点 参照鉴定意见。

模拟问题-27 结合案情，试论述证据材料未移送的处理问题。

对应场景： 案件中，如果法院发现检察院未移送案发现场的监控录像以及讯问时的同步录音录像，分别该如何处理？

法条索引《刑诉解释》第 73、74 条

采分有料

证据材料未移送的处理	未随案移送的，应当通知人民检察院在指定时间内移送。人民检察院未移送的，人民法院应当根据在案证据对案件事实作出认定。
讯问过程录音录像未移送的处理	讯问过程的相关录音录像未随案移送的，必要时，人民法院可以通知人民检察院在指定时间内移送。人民检察院未移送，导致不能排除以非法方法收集证据情形的，对有关证据应当依法排除；导致有关证据的真实性无法确认的，不得作为定案的根据。

模拟问题-28 结合案情，试论述行政机关或监察机关收集的各类证据能否在刑事诉讼中作为证据使用。

对应场景：

1. 案例中可能出现行政机关在执法办案中收集到各类证据，要求考生判断该证据可否作为刑事案件的定案依据。

2. 案例中可能出现监察机关在调查职务犯罪中收集到各类证据，要求考生判断该证据可否作为刑事案件的定案依据。

法条索引《刑诉解释》第75条第1款、第76条

采分有料

行政机关执法办案中收集的证据	行政机关在行政执法和查办案件过程中收集的物证、书证、视听资料、电子数据等证据材料，经法庭查证属实，且收集程序符合有关法律、行政法规规定的，可以作为定案的根据。
监委调查中收集的证据	监察机关依法收集的证据材料，在刑事诉讼中可以作为证据使用。对前述证据的审查判断，适用刑事审判关于证据的要求和标准。

考点15 证据的“四大”理论分类

模拟问题-29 结合案情，试判断本案的×××证据属于理论上的何种分类。

对应场景：命题人要求考生按不同标准对案例中的证据材料进行划分，判断其属于何种证据理论分类。

采分有料

原始证据	来自原始出处，即直接来源于案件事实的“第一手”证据材料。
传来证据	不是直接来源于案件事实，而是经过转述、复制获得的证据材料。

命题分析：通常情况下，原始证据的证明价值大于传来证据。

有罪证据	肯定犯罪嫌疑人、被告人实施了犯罪行为以及可以证明犯罪行为情节轻重的证据。
无罪证据	能否定犯罪事实存在，或能够证明犯罪嫌疑人、被告人未实施犯罪行为的证据。

命题分析：用以证明从轻、减轻、免除处罚或者从重、加重情节的证据，都属于有罪证据。如果案内有无罪证据尚未排除，不能得出有罪的结论。

续表

言词证据	通过人的陈述表现证据价值的证据，即以言词作为表现形式的证据。
实物证据	以物品的性质或外部形态、存在状况及其内容表现证据价值的证据。

命题分析：在非法证据排除规则上，实物证据相对没那么严格，物证、书证的收集即使违反了法定程序，经过补正或作出合理解释后还是可以作为定案依据的。

直接证据	可以单独、直接证明案件主要事实的证据。直接证据可以分为肯定性直接证据和否定性直接证据。
间接证据	不能单独、直接证明案件主要事实，需与其他证据相结合才能证明的证据。

命题分析：直接证据虽然能够单独、直接地证明案件主要事实，但在直接证据的运用中，应当坚持孤证不能定案的原则。

模拟问题-30 如果没有直接证据，如何运用间接证据证明案件事实？

对应场景：案例中，直接证据可能因非法而被排除，仅凭间接证据，还能否定案？如果可以，需要满足什么条件？

法条索引《刑诉解释》第140条

采分有料

没有直接证据，但间接证据同时符合下列条件的，可以认定被告人有罪：①证据已经查证属实；②证据之间相互印证，不存在无法排除的矛盾和无法解释的疑问；③全案证据形成完整的证据链；④根据证据认定案件事实足以排除合理怀疑，结论具有唯一性；⑤运用证据进行的推理符合逻辑和经验。

考点16 “七大”证据规则

模拟问题-31 简述××证据规则的基本含义。

对应场景：要求考生结合案情，判断案例中对证据的处理体现了何种证据规则。

采分有料

关联性规则	关联性规则，是指只有与案件事实有关的材料，才能作为证据使用的规则。没有关联性的证据不具有可采性，但具有关联性的证据未必都具有可采性。

续表

关联性规则	命题分析：品格证据、类似行为、特定的诉讼行为、被害人过去的行为与案件事实不具有关联性。
非法证据排除规则	非法证据排除规则，是指违反法定程序，以非法方法获取的证据，原则上不能为法庭采纳的规则。 命题分析：该原则为命题重点，具体排除的范围和程序，参见考点6~9。
自白任意性规则	自白任意性规则，是指在刑事诉讼中，只有基于被追诉人自由意志而作出的自白（有罪供述），才具有可采性的规则。违背当事人意愿或违反法定程序而强制作出的供述，不是自白，而是逼供，不具有可采性，须予以排除。
传闻证据规则	传闻证据规则，又称传闻证据排除规则，是指法律排除传闻证据作为认定犯罪事实根据的规则。根据这一规则，如无法定理由，证人在庭审期间以外及庭审准备期间以外的陈述，不得作为认定被告人有罪的证据。
意见证据规则	意见证据规则，是指证人只能陈述自己亲身感受的事实，不得陈述对案件事实的意见或者结论的规则。 命题分析：鉴定人并不受该规则约束。
补强证据规则	补强证据规则，是指在运用某些证明力显然薄弱的证据认定案情时，必须有其他证据补强其证明力，才能被法庭采信为定案依据的规则。
最佳证据规则	最佳证据规则，又称原始证据规则，是指通过以文字、符号、图像等方式记载的内容来证明案情时，其原件才是最佳的证据的规则。

模拟问题-32 简述传闻证据规则。

对应场景：

1. 要求考生判断案例中的××证据是否为传闻证据，能准确表述传闻证据规则的含义。

2. 根据我国法律的规定，证人在庭外的证言（传闻证据）能否作为定案的依据？

法条索引《刑事诉讼法》第195条

采分有料

传闻证据规则	传闻证据规则，是指法律排除传闻证据作为认定犯罪事实根据的规则。
何为传闻证据?	传闻证据，是指证人在本案法庭审理之外作出的用来证明其本身所主张的事实的各种陈述，主要包括两种形式：①书面传闻证据，即亲身感受了案件事实的证人在庭审期日之外所作的书面证言；②言词传闻证据，即证人并非就自己亲身感知的事实作证，而是向法庭转述他从别人那里听到的情况。（转述、转载）

续表

我国立法现状	我国立法没有明确规定传闻证据排除规则，即证人在庭外的证言，如果经查证属实，仍可以作为定案的依据。

模拟问题-33 简述补强证据规则。

对应场景：

1. 要求考生判断案例中哪些证据证明力薄弱，需要其他证据予以印证（补强）。
2. 要求考生判断××证据能否作为补强证据。

法条索引《刑诉解释》第143条

采分有料

补强证据规则	补强证据规则，是指在运用某些证明力显然薄弱的证据认定案情时，必须有其他证据补强其证明力，才能被法庭采信为定案依据的规则。
需补强的证据	下列证据有其他证据印证的，可以采信： （1）生理上、精神上有缺陷，对案件事实的认知和表达存在一定困难，但尚未丧失正确认知、表达能力的被害人、证人和被告人所作的陈述、证言和供述； （2）与被告人有亲属关系或者其他密切关系的证人所作的有利于被告人的证言，或者与被告人有利害冲突的证人所作的不利于被告人的证言。
补强证据的条件	（1）具有证据能力； （2）具有担保补强对象真实的能力； （3）具有独立的来源。

考点17 证明责任

模拟问题-34 刑事案件中，证明责任如何分配？

对应场景：案例中，辩护人坚持作无罪辩护，其对该无罪辩护主张是否承担证明责任？

法条索引《刑事诉讼法》第51条

采分有料

基本含义	证明责任，是指人民检察院或某些当事人对其在诉讼中的（积极）主张应当承担的收集或提供证据予以证明的责任，否则，将承担其主张不能成立的后果。

续表

分配方式	根据《刑事诉讼法》第 51 条的规定，公诉案件中被告人有罪的举证责任由人民检察院承担，自诉案件中被告人有罪的举证责任由自诉人承担。

背诵金句 公诉案件中被告人有罪的举证责任由检察院承担，辩护人作无罪辩护的，其对该消极的诉讼主张不承担证明责任，但其享有证明被告人无罪的权利。本案中，如果被告人有罪、无罪真伪不明，则应当由承担证明责任的检察院承担败诉风险。

考点 18 证明标准

模拟问题-35 在案证据是否达到了证明要求？如果未达证明标准，该如何处理？

对应场景：要求考生能准确把握案件在不同的诉讼阶段，对证据要求的不同标准。另外，案例中可能涉及对非法证据排除规则的考查，在排除非法证据后，如果案件事实不清、证据不足，该如何裁判？

法条索引《刑事诉讼法》第 55、112 条；《高检规则》第 128 条；《冤假错案工作机制意见》第 6 条

采分有料

立案阶段	《刑事诉讼法》第 112 条规定，人民法院、人民检察院或者公安机关认为有犯罪事实需要追究刑事责任的时候，应当立案。 背诵金句 本案虽然不能证明具体是谁实施了犯罪行为，但可以证明有犯罪事实发生，因此并不影响侦查机关对本案的立案侦查。
逮捕阶段	根据《高检规则》第 128 条第 2 款的规定，逮捕需满足的证据标准如下：①有证据证明发生了犯罪事实；②有证据证明该犯罪事实是犯罪嫌疑人实施的；③证明犯罪嫌疑人实施犯罪行为的证据已经查证属实。 背诵金句 本案排除了 ××× 的有罪供述，在案证据只能证明发生了犯罪事实，但是证明该犯罪是 ××× 所为的证据不能查证属实，因此，人民检察院不能作出批准逮捕的决定。 记忆要点 逮捕的证明要求可以概括为：发生了、他干了、已经查证属实了。
侦查终结 审查起诉 审判阶段	根据《刑事诉讼法》第 55 条第 2 款的规定，证据确实、充分，应当符合以下条件： （1）定罪量刑的事实都有证据证明； （2）据以定案的证据均经法定程序查证属实； （3）综合全案证据，对所认定事实已排除合理怀疑。

续表

<table>
<tr><td>疑罪从无</td><td rowspan="2">根据《冤假错案工作机制意见》第 6 条第 1、2 款的规定：
（1）定罪证据不足的案件，应当坚持疑罪从无原则，依法宣告被告人无罪；
（2）定罪证据确实、充分，但影响量刑的证据存疑的，应当坚持疑案从轻原则，在量刑时作出有利于被告人的处理。</td></tr>
<tr><td>疑案从轻</td></tr>
</table>

背诵金句 综上所述，本案据以定案的证据没有形成完整证据链，没有达到证据确实、充分的证明标准，不能排除合理怀疑。根据疑罪从无原则以及证据裁判原则的要求，不能确定被告人有罪，应当作无罪判决。

专题 4 刑诉案例中的主体（人物线）

考点 19 》各机关的管辖分工

模拟问题-36 请分析本案的管辖问题。

对应场景： 管辖问题是个万能考点，任何犯罪都会涉及管辖的判断，同学们需要掌握管辖分析的基本步骤。

法条索引《刑事诉讼法》第 19、21、25、26 条，第 162 条第 1 款，第 291 条第 2 款，第 299 条第 1 款；《刑诉解释》第 1~26 条；《高检规则》第 14~18、328 条；《公安部规定》第 14~31 条；《监察法》第 11、15、37、38 条；《六机关规定》第 3 条

采分有料

<table>
<tr><td rowspan="1">第一步</td><td>作立案管辖判断，处理交叉管辖、并案管辖的特殊问题。
（1）公安机关管辖的案件范围：若无特别规定，均由公安侦查。
（2）检察院自侦案件范围（《刑事诉讼法》第 19 条第 2 款）
①司法职务犯。（搜拘滥私逼；暴虐枉玩执；放假监脱逃）
②机动侦查权。（公、机、权、大、省以上）
（3）法院受理的自诉案件范围：亲告、轻微、公转自。（《刑诉解释》第 1 条）
（4）监察机关调查范围：贪、玩、滥、舞、责、其他。（《监察法》第 11、15 条）
（5）管辖竞合（《高检规则》第 17 条、第 18 条第 1 款；《监察法》第 37、38 条）
①公检交叉：该谁给谁，再看主罪；
②普监交叉：该谁给谁，监察为主。
（6）并案管辖：职责范围内并案。（《高检规则》第 18 条第 2 款；《六机关规定》第 3 条；《刑诉解释》第 24、25 条）
记忆要点 数罪、数人、存关联，共犯还有其他罪。</td></tr>
<tr><td>第二步</td><td>判断本案属哪一地域和哪个级别的侦查机关管辖。
（1）地域管辖：犯罪地为主，犯罪嫌疑人居住地为辅；（《公安部规定》第 15 条）
（2）级别管辖：市级以上：危、恐、经、外、团、跨区。（《公安部规定》第 24 条第 2 款）
法条索引《高检规则》第 14 条</td></tr>
<tr><td rowspan="2">第三步</td><td>判断侦查机关将案件移送哪个检察院审查起诉。</td></tr>
<tr><td>一并移送同级检察院审查决定。（《刑事诉讼法》第 162 条第 1 款）</td></tr>
</table>

续表

第四步	判断提起公诉的检察院。 各级检察院提起公诉，应当与法院审判管辖相适应。（门当户对，否则移送）（《高检规则》第328条第1款）
第五步	判断法院的审判管辖。 （1）级别管辖 ①中院管辖："危""恐""无""死""没""缺席"；（《刑事诉讼法》第21条、第291条第2款、第299条第1款） ②级别变通：上可审下，下不可审上，数罪就高不就低。（《刑诉解释》第14~17条） （2）地域管辖 犯罪地、被告人居住地；最初受理、主要犯罪地。（《刑事诉讼法》第25、26条） （3）特殊地域管辖 特殊领域内、特殊交通工具上、特殊主体等。（《刑诉解释》第2~13条） （4）指定管辖 ①管辖不宜；（《刑诉解释》第18条） ②管辖不明；（《刑诉解释》第20条） ③规避管辖。（《刑诉解释》第23条）

考点20 各类当事人的诉讼权利

模拟问题-37 结合案情，试论述被害人的权利救济途径。

对应场景：绝大多数公诉案件都有被害人，其在不同的诉讼阶段有不同的诉讼权利救济途径，同学们要能准确表达。

法条索引《刑事诉讼法》第46、61、110、112、113、180条，第191条第1、2款，第210条第3项，第229、252条，第305条第2款；《公安部规定》第179条

采分有料

被害人的诉讼权利归纳	（1）报案、控告。（《刑事诉讼法》第110条）
	（2）对公安机关不立案的救济（《公安部规定》第179条；《刑事诉讼法》第112、113条，第210条第3项） ①可以向原公安机关申请复议；对复议决定不服，可向上一级公安机关申请复核。 ②可以向同级检察院提出申诉。 ③可以向法院提起自诉。

续表

<table>
<tr><td rowspan="4">被害人的诉讼权利归纳</td><td>(3) 对检察院不起诉的救济（《刑事诉讼法》第180条）
①有权向上一级检察院申诉；
②有权向法院提起自诉。</td></tr>
<tr><td>(4) 对法院裁判结果不服的救济（《刑事诉讼法》第229、252条，第305条第2款）
①对一审未生效判决，不能上诉，只能请求检察院抗诉；
②对生效裁判，可以提出再审申诉；
③对强制医疗决定不服，可以向上一级法院申请复议。</td></tr>
<tr><td>(5) 委托诉讼代理人的权利（《刑事诉讼法》第46条）
自案件移送审查起诉之日起，有权委托诉讼代理人。</td></tr>
<tr><td>(6) 参加法庭调查、陈述意见、发问等权利。(《刑事诉讼法》第61条，第191条第1、2款)</td></tr>
<tr><td>自诉人与被害人的差异</td><td>如果是自诉案件，自诉人的诉讼权利有别于被害人。
记忆要点 自诉人有起诉权、撤诉权、上诉权、申诉权。</td></tr>
</table>

模拟问题-38 结合案情，试论述本案犯罪嫌疑人在侦查阶段的诉讼权利。

采分有料

1. 自被侦查机关第一次讯问或者采取强制措施之日起，有权委托律师作为辩护人。
2. 对侦查机关侵犯其诉讼权利和人身权利的行为，有权向检察机关提出控告。
3. 有申请取保候审，要求变更或者解除强制措施的权利。
4. 有进行自我辩护的权利。
5. 在审查批准逮捕期间，有权向检察机关提出意见或要求当面向检察机关陈述意见；逮捕后，有权向人民检察院申请羁押必要性审查。
6. 有被告知鉴定意见结论的权利。
7. 有被告知侦查终结、移送审查起诉情况的权利。
8. 有拒绝辩护律师为其辩护，重新委托辩护人的权利。
9. 有权申请侦查人员回避；如果申请被驳回，有权对该决定申请复议。
10. 有权拒绝回答侦查人员提出的与本案无关的问题；等等。

考点21 辩护人

模拟问题-39 结合案情，试论述辩护人的诉讼权利。

对应场景：辩护制度是刑事诉讼中特有的制度，每一个刑事案例都可以针对辩护人和辩护权进行设问。在侦查阶段，辩护律师能否阅卷、会见、通信、核实证据？如果辩护权受到侵害，应当如何救济？

采分有料

阅卷权	记忆要点 非律阅卷要许可，律师阅卷不用批，均自审查起诉起。 法条索引《刑事诉讼法》第40条
会见、通信权	记忆要点 非律会见要许可，律师一般不用批；律师会见凭三证，危恐除外要许可；侦查律师可会见，核证等到下阶段。 法条索引《刑事诉讼法》第39条
调查取证权	记忆要点 非律没有取证权，律师取证需同意，控方证人双重许，若有困难申请取。 法条索引《刑事诉讼法》第43条
申诉、控告权	背诵金句 有权向同级或者上一级人民检察院申诉或者控告。 法条索引《刑事诉讼法》第49条
侦查阶段权利清单	在侦查阶段，辩护律师可以为犯罪嫌疑人提供法律帮助；代理申诉、控告；申请变更强制措施；向侦查机关了解犯罪嫌疑人涉嫌的罪名和案件有关情况，提出意见；会见、通信。 记忆要点 侦查阶段的消极清单：无阅卷、无核证、无非律。

模拟问题-40 结合案情，试论述法律援助辩护的适用情形以及拒绝辩护的处理。

对应场景：案例中，哪些情形下办案机关应当通知法律援助机构指派律师为犯罪嫌疑人、被告人提供法律援助辩护？既有法律援助辩护，又有委托辩护的，该如何处理？如果犯罪嫌疑人、被告人拒绝辩护人辩护，法院该如何处理？

采分有料

法援辩护	记忆要点 强制法援辩护：盲聋哑、半疯傻、死无缺（排）、未长大。 法条索引《刑事诉讼法》第35、278、293条；《刑诉解释》第47、48条；《排非规程》第10条第3款
辩护冲突	对法律援助机构指派律师为被告人提供辩护，被告人的监护人、近亲属又代为委托辩护人的，应当听取被告人的意见，由其确定辩护人人选。
拒绝辩护	（1）强制款：有理+1次+有人辩； （2）普通款：无理+2次+自己辩。 法条索引《刑诉解释》第50、311条

模拟问题-41 假如你是本案的辩护人，请根据案情材料写一份辩护意见或辩护词。

对应场景：案例中如果出现大量对犯罪事实的描述，那么命题人可能会要求考生从实体法上进行辩护；但是，案例中如果出现大量对证据材料的描述，或者出现办案机关的多种违法行为，那么命题人可能会要求考生从程序法上进行辩护。

采分有料

辩护思路	"罪""责""刑""名""过""主从"，分析"证据"和"程序"。
辩护词模板	**被告人××涉嫌××罪一案** **辩护词** 审判长、审判员（人民陪审员）： 根据《中华人民共和国刑事诉讼法》第34条第1款的规定，××律师事务所接受本案被告人××(近亲属××）委托，指派我担任其一审辩护人，为被告人××进行辩护。庭前，辩护人研究了本案的起诉书，查阅了卷宗材料，会见了被告人，对本案有了较清楚的了解。辩护人认为，被告人××不构成××罪（或：辩护人对公诉机关指控被告人××构成××罪没有异议，但对公诉机关的量刑意见持有异议)。为维护被告人××的合法权益，现发表如下辩护意见： ……（辩护理由，此部分主要是写明辩护的理由、观点。辩护理由应该从起诉书指控的犯罪事实出发，围绕被告人是否构成犯罪、属于何种罪名、有无从轻处罚的法定条件以及诉讼程序是否合法等问题展开论述。辩护理由要求充分、于法有据、论证清晰。) 综上所述……（此部分是对辩护词的归纳和小结：一是辩护词的内容核心，如无罪、罪轻等；二是向法庭提出对被告人的处理意见。) 辩护人：××× ××××年××月××日

考点22 值班律师

模拟问题-42 结合案情，试论述值班律师和辩护律师的区别。

对应场景：张三、李四系同案犯，张三委托了向律师做辩护人，李四没有委托辩护人，办案机关通知了值班律师高律师为其提供法律帮助。同样是律师，辩护人向律师和值班律师高律师有哪些不同？

法条索引《法援值班办法》

采分有料

1. 二者设立的立法目的不同	值班律师制度的立法目的在于，确保认罪认罚案件中，犯罪嫌疑人、被告人对认罪认罚有关法律规定的理解，保证认罪认罚的自愿性和合法性，并帮助被告人作出程序选择。辩护律师制度是犯罪嫌疑人、被告人有权辩护的宪法原则和刑事诉讼法原则的具体体现。
2. 二者在刑事诉讼中的地位和行使权利的性质不同	值班律师的诉讼地位是法律帮助人的地位，其行使的权利属于法律帮助权和咨询权。辩护律师的诉讼地位是辩护人的地位，其行使的权利是辩护权。
3. 二者权利的大小和范围不同	值班律师制度是辩护律师制度的补充，只有在当事人没有辩护人的情况下，才由值班律师行使法律帮助权。值班律师的权利主要包括提供法律咨询、程序选择建议，申请变更强制措施，对案件处理提出意见。辩护律师享有广泛的诉讼权利，如出庭辩护、调查取证等。

模拟问题-43 结合案情，试论述值班律师的职责以及权利范围。

法条索引《法援值班办法》第 6、21、22 条

采分有料

职　责	(1) 提供法律咨询； (2) 提供程序选择建议； (3) 帮助犯罪嫌疑人、被告人申请变更强制措施； (4) 对案件处理提出意见； (5) 帮助犯罪嫌疑人、被告人及其近亲属申请法律援助； (6) 法律法规规定的其他事项。 记忆要点 提供咨询出建议，申请变更提意见，申请法援和其他。
权　限	(1) 侦查阶段，值班律师可以向侦查机关了解犯罪嫌疑人涉嫌的罪名及案件有关情况。 (2) 案件进入审查起诉阶段后，值班律师可以查阅案卷材料，了解案情。 (3) 值班律师到看守所办理法律帮助会见手续，看守所应当及时安排会见。危害国家安全犯罪、恐怖活动犯罪案件，侦查期间值班律师会见在押犯罪嫌疑人的，应当经侦查机关许可。

专题 5 刑诉案例中的阶段（时间线）

1-立案阶段

考点 23 立案条件

模拟问题-44 本案公安机关的不立案决定是否正确？

对应场景： 被害人报案称被人强奸，公安机关经初步调查，认为目前的证据不能证明谁是真凶，以证据不满足立案条件为由不予立案。

法条索引《刑事诉讼法》第 112 条

采分有料

本案公安机关的不立案决定不正确。

根据《刑事诉讼法》第 112 条的规定，立案的条件如下：①证明有犯罪事实；②需要追究刑事责任。

本案目前的证据虽不能证明谁是真凶，但只要能证明有犯罪事实且需要追究刑事责任，就符合立案条件。因此，公安机关不予立案的决定是错误的。

考点 24 初查程序

模拟问题-45 初查阶段能不能适用技术侦查措施？初步调查核实中收集的证据能否作为定案依据？

对应场景：

1. 在某信息网络犯罪案件中，如果公安机关在对报案、控告材料进行初步调查核实中，适用了限制被调查对象人身、财产权利的措施或者技术侦查措施，是否违法？

2. 在某信息网络犯罪案件中，如果公安机关在初步调查核实过程中依法收集了电子数据等材料，根据有关规定，这些材料能否作为证据使用？

法条索引《网络犯罪案件意见》第 12、13 条

采分有料

初查手段	公安机关在立案前的初查阶段，适用了限制被调查对象人身、财产权利的措施或者技术侦查措施是违法的。根据《网络犯罪案件意见》第 12 条的规定，调查核实过程中，可以采取询问、查询、勘验、检查、鉴定、调取证据材料等不限制被调查对象人身、财产权利的措施，不得对被调查对象采取强制措施，不得查封、扣押、冻结被调查对象的财产，不得采取技术侦查措施。
初查证据	根据《网络犯罪案件意见》第 13 条的规定，公安机关在调查核实过程中依法收集的电子数据等材料，可以根据有关规定作为证据使用。调查核实过程中收集的材料作为证据使用的，应当随案移送，并附批准调查核实的相关材料。调查核实过程中收集的证据材料经查证属实，且收集程序符合有关要求的，可以作为定案依据。

考点 25 立案监督程序

模拟问题-46 针对公安机关的不立案决定，简述不同诉讼主体的救济途径和检察院的监督方式。

对应场景：被害人控告张三强奸，公安机关经初步调查，认为张三目前下落不明，以犯罪嫌疑人不在案为由不予立案。针对该决定，控告人该如何救济？检察院该如何监督？

法条索引《刑事诉讼法》第 113 条；《刑诉解释》第 1 条第 3 项；《公安部规定》第 179 条

采分有料

被害人	（1）向公安机关申请复议、复核； （2）向检察院提出申诉； （3）向法院提起自诉。
检察院	应当要求公安机关说明不立案的理由。检察院认为公安机关不立案理由不能成立的，应当通知公安机关立案，公安机关接到通知后应当立案。

考点26 9种侦查手段和5种强制措施

模拟问题-47 本案侦查中有哪些程序违法？

对应场景：案例中如果出现大量对侦查程序的描述，第一种命题可能是要求同学们找出侦查机关的程序违法之处，其中既可能是侦查手段的适用程序违法，也可能是强制措施的适用不当。由于是开卷考试，本题难度不大，只要能准确定位法条即可判断。第二种命题可能是要求考生们判断该违法的侦查程序之下收集的证据能否作为定案依据，考查证据的审查判断。该问题考生们可参照考点34来作答。

采分有料

9种 侦查手段	讯问，询问，勘验、检查，搜查，调取、查封、扣押、查询、冻结，鉴定，辨认，技术侦查，通缉。 法条索引《刑事诉讼法》第115~155条；《公安部规定》第191~282条；《高检规则》第176~236条
5种 强制措施	拘传、取保候审、监视居住、拘留、逮捕。 法条索引《刑事诉讼法》第66~100条；《公安部规定》第78~168条；《高检规则》第81~155条

模拟问题-48 本案是否满足××强制措施的适用条件？

对应场景：张三、李四、王五共同犯罪，检察院决定对张三取保候审、对李四监视居住、对王五予以逮捕。请考生从这三种强制措施的适用条件上判断该决定是否正确。

法条索引《刑事诉讼法》第67、74、81条；《公安部规定》第82条；《高检规则》第128条

采分有料

取保候审 的适用条件	对有下列情形之一的犯罪嫌疑人、被告人，可以取保候审： （1）可能判处管制、拘役或者独立适用附加刑的； （2）可能判处有期徒刑以上刑罚，采取取保候审不致发生社会危险性的；

续表

取保候审的适用条件	(3) 患有严重疾病、生活不能自理，怀孕或者正在哺乳自己婴儿的妇女，采取取保候审不致发生社会危险性的； (4) 羁押期限届满，案件尚未办结，需要采取取保候审的。 **记忆要点** 积极条件："徒刑以下""不危险""疾病、孕乳""超期限"。
	对累犯，犯罪集团的主犯，以自伤、自残办法逃避侦查的犯罪嫌疑人，严重暴力犯罪以及其他严重犯罪的犯罪嫌疑人不得取保候审，但犯罪嫌疑人具有上述积极条件中的第3、4项规定情形的除外。 **记忆要点** 消极条件：禁止"累""主""残""暴""严"，除非"疾病、孕乳""超期限"。
监视居住的适用条件	对符合逮捕条件，有下列情形之一的犯罪嫌疑人、被告人，可以监视居住： (1) 患有严重疾病、生活不能自理的； (2) 怀孕或者正在哺乳自己婴儿的妇女； (3) 系生活不能自理的人的唯一扶养人； (4) 因为案件的特殊情况或者办理案件的需要，采取监视居住措施更为适宜的； (5) 羁押期限届满，案件尚未办结，需要采取监视居住措施的。 **记忆要点** 监视居住替代逮捕的情形："疾病""孕乳""唯一扶"，"特殊""需要""已超期"。
	对符合取保候审条件，但犯罪嫌疑人、被告人不能提出保证人，也不交纳保证金的，可以监视居住。 **记忆要点** 监视居住替代取保候审的情形：没钱又没人。
逮捕的适用条件	(1) 逮捕的基本条件 对有证据证明有犯罪事实，可能判处徒刑以上刑罚的犯罪嫌疑人、被告人，采取取保候审尚不足以防止发生法定社会危险性的，应当予以逮捕。 **记忆要点** 逮捕的三个基本条件可概括为：有证据、够徒刑、有危险。
	(2) 径行逮捕的条件 对有证据证明有犯罪事实，可能判处10年有期徒刑以上刑罚的，或者有证据证明有犯罪事实，可能判处徒刑以上刑罚，曾经故意犯罪或者身份不明的，应当予以逮捕。
	(3) 转化型逮捕 被取保候审、监视居住的犯罪嫌疑人、被告人违反取保候审、监视居住规定，情节严重的，可以予以逮捕。

模拟问题-49 羁押必要性审查的主体、对象及审查结果。

对应场景： 本案需要对哪些犯罪嫌疑人、被告人作羁押必要性审查？由哪个部门来负责羁押必要性审查与评估？审查后强制措施又该如何处理？

法条索引《羁押必要性审查、评估规定》第1、4、16、18条

采分有料

审查对象	犯罪嫌疑人、被告人被逮捕后，人民检察院应当依法对羁押的必要性进行审查。不需要继续羁押的，应当建议公安机关、人民法院予以释放或者变更强制措施。对于审查起诉阶段的案件，应当及时决定释放或者变更强制措施。 记忆要点 羁押必要性审查的对象是被逮捕的犯罪嫌疑人、被告人。
审查主体	人民检察院依法开展羁押必要性审查，由捕诉部门负责。犯罪嫌疑人、被告人在异地羁押的，羁押地人民检察院、公安机关应当予以配合。 记忆要点 羁押必要性审查由人民检察院的捕诉部门负责。
应当释放或变更的情形	人民检察院审查后发现犯罪嫌疑人、被告人具有下列情形之一的，应当向公安机关、人民法院提出释放或者变更强制措施建议；审查起诉阶段的，应当及时决定释放或者变更强制措施： (1) 案件证据发生重大变化，没有证据证明有犯罪事实或者犯罪行为系犯罪嫌疑人、被告人所为的； (2) 案件事实、情节或者法律、司法解释发生变化，犯罪嫌疑人、被告人可能被判处拘役、管制、独立适用附加刑、免予刑事处罚或者判决无罪的； (3) 继续羁押犯罪嫌疑人、被告人，羁押期限将超过依法可能判处的刑期的； (4) 案件事实基本查清，证据已经收集固定，符合取保候审或者监视居住条件的； (5) 其他对犯罪嫌疑人、被告人采取羁押强制措施不当，应当及时释放或者变更的。 公安机关评估后发现符合上述情形的，应当及时决定释放或者变更强制措施。 记忆要点 应当及时释放或变更的情形：无证据、无徒刑、无必要、已超期。
禁止释放或变更的情形	经审查、评估，发现犯罪嫌疑人、被告人具有下列情形之一的，一般不予释放或者变更强制措施： (1) 涉嫌危害国家安全犯罪、恐怖活动犯罪、黑社会性质组织犯罪、重大毒品犯罪或者其他严重危害社会的犯罪； (2) 涉嫌故意杀人、故意伤害致人重伤或死亡、强奸、抢劫、绑架、放火、爆炸、投放危险物质等严重侵犯公民人身财产权利、危害公共安全的严重暴力犯罪； (3) 涉嫌性侵未成年人的犯罪； (4) 涉嫌重大贪污、贿赂犯罪，或者利用职权实施的严重侵犯公民人身权利的犯罪； (5) 可能判处10年有期徒刑以上刑罚的； (6) 因违反取保候审、监视居住规定而被逮捕的； (7) 可能毁灭、伪造证据，干扰证人作证或者串供的； (8) 可能对被害人、举报人、控告人实施打击报复的； (9) 企图自杀或者逃跑的； (10) 其他社会危险性较大，不宜释放或者变更强制措施的。

续表

禁止释放或变更的情形	犯罪嫌疑人、被告人具有上述规定情形之一，但因患有严重疾病或者具有其他不适宜继续羁押的特殊情形，不予羁押不致发生社会危险性的，可以依法变更强制措施为监视居住、取保候审。 记忆要点 禁止释放或变更的情形：危恐黑毒严，严重暴力犯，性侵未成年，贪贿侵人权，报证逃十转；除非疾病不宜、不危险。

考点 27 补充侦查程序

模拟问题-50 本案的补充侦查程序有哪些违法之处？

对应场景：如果题目中有涉及侦查环节的案例信息，那么命题人大概率会就补充侦查进行发问。同学们解题的关键是，识别题目中考查的是哪个阶段的补充侦查，不同阶段的补充侦查在方式、主体和程序上均有不同。

法条索引《刑事诉讼法》第 90 条；《高检规则》第 342~346 条、第 422 条第 1 款、第 423 条；《刑诉解释》第 274、277 条

采分有料

批捕阶段	不批准逮捕的，人民检察院应当说明理由，需要补充侦查的，应当同时通知公安机关。
审查起诉阶段	（1）补侦情形：犯罪事实不清、证据不足或存在遗漏罪行、遗漏同案犯罪嫌疑人等。 （2）补侦主体：①退回公安、监委、自侦部门；②人民检察院自行侦查。 （3）补侦方式：制作（书面）补充侦查提纲，连同案卷材料一并退回或送交公安机关、监察机关或自侦部门。 （4）退补次数：2 次为限，每次 1 个月。 （5）期间计算：补充调查、补充侦查完毕移送起诉后，人民检察院重新计算审查起诉期限。
审判阶段	（1）启动方式：审判期间，公诉人发现案件需要补充侦查，建议延期审理的，合议庭可以同意，但建议延期审理不得超过 2 次。但是，被告人提出新的立功线索的，人民法院可以建议人民检察院补充侦查。
	（2）补侦主体 ①对于需要补充提供法庭审判所必需的证据或者补充侦查的，人民检察院应当自行收集证据和进行侦查，必要时可以要求监察机关或者公安机关提供协助；也可以书面要求监察机关或者公安机关补充提供证据。 ②发现遗漏同案犯罪嫌疑人或者罪行的，应当要求公安机关补充移送起诉或者补充侦查；对于犯罪事实清楚，证据确实、充分的，可以直接追加、补充起诉。

续表

审判阶段	(3) 补充侦查期限届满后，人民检察院未将补充的证据材料移送人民法院的，人民法院可以根据在案证据作出判决、裁定。

3-审查起诉阶段

考点 28 监察程序与刑诉程序的衔接

模拟问题-51 本案的调查程序中，有哪些程序违法?

对应场景：某职务犯罪的调查程序中，监察机关适用了多种调查手段，同时对被调查人适用了留置措施，要求考生指出监察程序的违法之处。

采分有料

调查手段	**命题分析：**注意监委会的调查手段：谈话、讯问、询问、查询、冻结、搜查、调取、查封、扣押、勘验检查、鉴定、技术调查、通缉、限制出境。 法条索引《监察法》第 20、22、26~33、44 条
强制到案	法条索引《监察法》第 21 条，第 46 条第 1、2 款
责令候查	法条索引《监察法》第 23 条，第 46 条第 1、3 款
管护手段	法条索引《监察法》第 25 条，第 46 条第 1、4 款
留置手段	**命题分析：**注意监委会留置的适用条件、审批程序、执行程序。 法条索引《监察法》第 24、47、48 条

模拟问题-52 简述监察程序与刑事诉讼程序的衔接问题。

对应场景：某职务犯罪经监委调查终结，移送检察院审查起诉，其中可能涉及职务犯罪和普通犯罪的管辖分工、竞合问题，也可能涉及强制措施、辩护制度、证据制度等的衔接问题。

法条索引《监察法》第 36、37、54、55 条；《刑事诉讼法》第 170 条

采分有料

管辖衔接	(1) 国家机关在工作中发现公职人员涉嫌贪污贿赂、失职渎职等职务违法或者职务犯罪的问题线索，应当移送监察机关，由监察机关依法调查处置；

续表

管辖衔接	(2) 被调查人既涉嫌严重职务违法或者职务犯罪，又涉嫌其他违法犯罪的，一般应当由监察机关为主调查，其他机关予以协助。
强制措施	对于监察机关移送起诉的已采取留置措施的案件，人民检察院应当对犯罪嫌疑人先行拘留，留置措施自动解除。
证据效力	监察机关依法收集的物证、书证、证人证言、被调查人供述和辩解、视听资料、电子数据等证据材料，在刑事诉讼中可以作为证据使用。
补充调查	人民检察院经审查，认为需要补充核实的，应当退回监察机关补充调查，必要时可以自行补充侦查。对于补充调查的案件，应当在 1 个月内补充调查完毕。补充调查以 2 次为限。
审查起诉	人民检察院对于有法定不起诉的情形的，经上一级人民检察院批准，依法作出不起诉的决定。监察机关认为不起诉的决定有错误的，可以向上一级人民检察院提请复议。
程序转化	监察机关在调查贪污贿赂、失职渎职等职务犯罪案件过程中，被调查人逃匿或者死亡，有必要继续调查的，应当继续调查并作出结论。被调查人逃匿，在通缉 1 年后不能到案，或者死亡的，由监察机关提请人民检察院依照法定程序，向人民法院提出没收违法所得的申请。

考点 29 审查起诉阶段特殊问题的处理

模拟问题-53 审查起诉中，检察院发现新的犯罪事实或漏罪、漏人的，该如何处理？

对应场景：

1. 某贪污案，二次退回监委补充调查后，再次移送检察院审查起诉，发现犯罪嫌疑人还涉嫌强奸罪，怎么处理？

2. 检察院在审查张三故意杀人案的过程中，发现张三还有一起强奸的犯罪事实或者发现故意杀人案还有同案犯李四未移送起诉，对于该漏罪或者漏人，检察院可否直接提起公诉？

法条索引《高检规则》第 349、356 条

采分有料

发现新罪	根据《高检规则》第 349 条的规定，人民检察院对已经退回监察机关二次补充调查或者退回公安机关二次补充侦查的案件，在审查起诉中又发现新的犯罪事实，应当将线

续表

发现新罪	索移送监察机关或者公安机关。对已经查清的犯罪事实，应当依法提起公诉。本案中，检察院应当将强奸罪的犯罪线索移送公安机关，对已经查清的贪污罪，依法提起公诉。
漏罪、漏人	根据《高检规则》第356条的规定，人民检察院在办理公安机关移送起诉的案件中，发现遗漏罪行或者有依法应当移送起诉的同案犯罪嫌疑人未移送起诉的，应当要求公安机关补充侦查或者补充移送起诉。对于犯罪事实清楚，证据确实、充分的，也可以直接提起公诉。本案中，检察院对于遗漏的强奸罪或者同案犯李四，在犯罪事实清楚，证据确实、充分的情况下，可以直接提起公诉。

模拟问题-54 人民检察院在审查起诉中发现案件当初在立案管辖阶段存在分工错误的，该如何处理？

对应场景：人民检察院立案侦查时认为属于直接受理侦查的案件，在审查起诉阶段发现属于监察机关管辖或者公安机关管辖的，该如何处理？或者发现公安机关移送起诉的案件属于监察机关管辖，或监察机关移送起诉的案件属于公安机关管辖的，又该如何处理？

法条索引《高检规则》第357条

采分有料

情形1	人民检察院立案侦查时认为属于直接受理侦查的案件，在审查起诉阶段发现属于监察机关管辖的，应当及时商监察机关办理。 **记忆要点** 商监委。
情形2	人民检察院立案侦查时认为属于直接受理侦查的案件，在审查起诉阶段发现属于公安机关管辖，案件事实清楚，证据确实、充分，符合起诉条件的，可以直接起诉；事实不清、证据不足的，应当及时移送有管辖权的机关办理。 **记忆要点** 查清了就诉，没查清就送。
情形3	在审查起诉阶段，发现公安机关移送起诉的案件属于监察机关管辖，或者监察机关移送起诉的案件属于公安机关管辖，但案件事实清楚，证据确实、充分，符合起诉条件的，经征求监察机关、公安机关意见后，没有不同意见的，可以直接起诉；提出不同意见，或者事实不清、证据不足的，应当将案件退回移送案件的机关并说明理由，建议其移送有管辖权的机关办理。 **记忆要点** 查清了且双方没意见就诉，否则退回建议移送。

考点30 不起诉的救济

模拟问题-55 人民检察院决定不起诉，××不服，该如何处理？

对应场景：人民检察院对于监察机关或者公安机关移送起诉的案件如果决定不起诉，监察机关或者公安机关不服，该怎么办？被害人和被不起诉人不服，又该怎么办？

法条索引《刑事诉讼法》第179~181条；《监察法》第54条第4款

采分有料

公安机关	认为不起诉的决定有错误的时候，可以要求复议，如果意见不被接受，可以向上一级人民检察院提请复核。
监察机关	认为不起诉的决定有错误的，可以向上一级人民检察院提请复议。
被害人	（1）可以自收到决定书后7日以内向上一级人民检察院申诉，请求提起公诉； （2）也可以直接向人民法院起诉。
被不起诉人	对于人民检察院作出的酌定不起诉决定，被不起诉人如果不服，可以向该人民检察院申诉。

考点31 核准追诉制度

模拟问题-56 本案如果已经超过最长追诉时效，请简述核准追诉的条件和核准程序。

对应场景：南医大女生被杀一案，真凶28年后落网。本案虽已过追诉时效，原则上不能追究刑事责任，但如果案件的社会危害性和影响依然存在，不追诉会严重影响社会稳定或者产生其他严重后果，而必须追诉，经过何种程序方可追诉？

法条索引《高检规则》第322~325条

采分有料

核准追诉条件	报请核准追诉的案件应当同时符合下列条件： （1）有证据证明存在犯罪事实，且犯罪事实是犯罪嫌疑人实施的； （2）涉嫌犯罪的行为应当适用的法定量刑幅度的最高刑为无期徒刑或者死刑； （3）涉嫌犯罪的性质、情节和后果特别严重，虽然已过20年追诉期限，但社会危害性和影响依然存在，不追诉会严重影响社会稳定或者产生其他严重后果，而必须追诉的； （4）犯罪嫌疑人能够及时到案接受追诉。

续表

核准具体程序	(1) 公安机关报请核准追诉的案件，由同级人民检察院受理并层报最高人民检察院审查决定。 (2) 地方各级人民检察院对公安机关报请核准追诉的案件，应当及时进行审查并开展必要的调查。经检察委员会审议提出是否同意核准追诉的意见，制作报请核准追诉案件报告书，连同案卷材料一并层报最高人民检察院。 (3) 最高人民检察院收到省级人民检察院报送的报请核准追诉案件报告书及案卷材料后，应当及时审查，必要时指派检察人员到案发地了解案件有关情况。经检察长批准，作出是否核准追诉的决定，并制作核准追诉决定书或者不予核准追诉决定书，逐级下达至最初受理案件的人民检察院，由其送达报请核准追诉的公安机关。

4-审判阶段

考点32 庭前程序

模拟问题-57 结合案情，试论述公诉案件庭前审查的特点以及审查后的处理结果。

对应场景： 法院受理检察院提起的某公诉案件后，经过庭前审查发现管辖错误，该如何处理？发现被告人在逃，该如何处理？发现检察院撤诉后，没有新的事实或证据再次起诉，该如何处理？发现该案已过追诉时效，又该如何处理？

采分有料

审查特点	庭前审查为书面的程序性审查，不作实质性审查。
审查结果	记忆要点 重点注意审查后应当退回检察院的几种情形：管辖错、人不在，无新证再起诉，16条2~6。 法条索引《刑诉解释》第219条第1款

考点33 并案与分案

模拟问题-58 本案法院对多名被告人并案或分案审理是否妥当？

对应场景： 某共同犯罪或关联犯罪案件，被告人人数众多、案情复杂，法院究竟应当并案审理还是分案审理？

法条索引《刑诉解释》第220条

采分有料

并案审理	合并审理更有利于查明案件事实、保障诉讼权利、准确定罪量刑的，可以并案审理。
分案审理	分案审理更有利于保障庭审质量和效率的，可以分案审理。

考点34 审判期间有关证据的几个问题

模拟问题-59 控辩双方补充的和审判人员庭外调查核实取得的证据，是否必须经过当庭质证才能作为定案的根据？

对应场景：审理期间，法庭对证据有疑问，于是宣布休庭，对证据进行调查核实。经庭外调查核实后，取得了几项新证据。其中有关被告人自首、立功的有利量刑证据，是否必须经过当庭质证才能作为定案的根据？

法条索引《刑诉解释》第271条第2款

采分有料

原　则	对公诉人、当事人及其法定代理人、辩护人、诉讼代理人补充的和审判人员庭外调查核实取得的证据，原则上应当经过当庭质证才能作为定案的根据。
例　外	对不影响定罪量刑的非关键证据、有利于被告人的量刑证据以及认定被告人有犯罪前科的裁判文书等证据，经庭外征求意见，控辩双方没有异议的，不经过当庭质证也可以作为定案的根据。本案中，有关被告人自首、立功的有利量刑证据，经庭外征求意见，控辩双方没有异议的，不经过当庭质证也可以作为定案的根据。

模拟问题-60 审判期间，公诉人申请出示开庭前未移送或者提交法院的证据，或者控辩双方申请重新鉴定的，法院该如何处理？

对应场景：

1. 某职务犯罪，在审理期间，检察院申请移送一份开庭前未提交法院的证人证言，辩护人认为控方搞证据偷袭，提出异议。

2. 某故意杀人案，庭审中，辩护人认为有关被告人精神病鉴定的程序违法，申请重新鉴定。

法条索引《刑诉解释》第272、273条

采分有料

证据突袭	公诉人申请出示开庭前未移送或者提交人民法院的证据，辩护方提出异议的，审判长应当要求公诉人说明理由；理由成立并确有出示必要的，应当准许。辩护方提出需要对新的证据作辩护准备的，法庭可以宣布休庭，并确定准备辩护的时间。
重新鉴定	法庭审理过程中，辩护人申请重新鉴定的，应当说明申请重新鉴定的理由。法庭认为有必要的，应当同意，并宣布休庭；根据案件情况，可以决定延期审理。人民法院决定重新鉴定的，应当及时委托鉴定，并将鉴定意见告知人民检察院、当事人及其辩护人、诉讼代理人。

模拟问题-61 审判期间的自首、立功的证据相关问题。

对应场景：

1. 审判期间，法院发现检察院未移送自首、立功相关的证据材料，该如何处理？
2. 如果被告人提出新的立功线索，法院又该如何处理？

法条索引《刑诉解释》第 73、277 条

采分有料

证据未移送	审判期间，合议庭发现被告人可能有自首、坦白、立功等法定量刑情节，而人民检察院移送的案卷中没有相关证据材料的，应当通知人民检察院在指定时间内移送。人民检察院未移送的，人民法院应当根据在案证据对案件事实作出认定。
提出新线索	审判期间，被告人提出新的立功线索的，人民法院可以建议人民检察院补充侦查。

模拟问题-62 被告人供述不一致的审查方法。

对应场景：被告人当庭翻供的，法院该如何处理？案例中出现犯罪嫌疑人供述笔录与讯问时的录音录像有实质性差异的，法院该以哪个为准？

法条索引《刑诉解释》第 96 条；《排非规程》第 24 条第 4 项

采分有料

翻供的处理	(1) 审查被告人供述和辩解，应当结合控辩双方提供的所有证据以及被告人的全部供述和辩解进行。 (2) 被告人庭审中翻供，但不能合理说明翻供原因或者其辩解与全案证据矛盾，而其庭前供述与其他证据相互印证的，可以采信其庭前供述。

续表

翻供的处理	（3）被告人庭前供述和辩解存在反复，但庭审中供认，且与其他证据相互印证的，可以采信其庭审供述；被告人庭前供述和辩解存在反复，庭审中不供认，且无其他证据与庭前供述印证的，不得采信其庭前供述。
笔录与录像矛盾	发现讯问笔录与讯问录音录像内容有实质性差异的，该讯问笔录不能作为定案依据，以讯问录音录像为准。

考点35 庭审中各种特殊问题的处理

模拟问题-63 公诉人当庭发表与起诉书不同的意见的，法院应当如何处理？

对应场景：检察院起诉书指控的是被告人盗窃的犯罪事实，但是公诉人在发表起诉意见时还指控了其强奸的犯罪事实，此时，口头内容与书面内容不一致，法院应以哪个为准？

法条索引《刑诉解释》第289条

采分有料

1. 公诉人当庭发表与起诉书不同的意见，属于变更、追加、补充或者撤回起诉的，人民法院应当要求人民检察院在指定时间内以书面方式提出；必要时，可以宣布休庭。

2. 人民检察院在指定时间内未提出的，人民法院应当根据法庭审理情况，就起诉书指控的犯罪事实依法作出判决、裁定。

3. 人民检察院变更、追加、补充起诉的，人民法院应当给予被告人及其辩护人必要的准备时间。

模拟问题-64 结合案情，试论述审判阶段，发现被告人还有新的犯罪事实的处理。

对应场景：某盗窃案的审判阶段，发现被告人除了盗窃之外，还有强奸的犯罪事实，法院、检察院分别应如何处理？

法条索引《刑诉解释》第297条；《高检规则》第423条

采分有料

人民法院	审判期间，人民法院发现新的事实，可能影响定罪量刑的，或者需要补查补证的，应当通知人民检察院，由其决定是否补充、变更、追加起诉或者补充侦查。人民检察院

续表

人民法院	不同意或者在指定时间内未回复书面意见的，人民法院应当就起诉指控的事实，依照《刑诉解释》第 295 条的规定作出判决、裁定。
人民检察院	人民法院宣告判决前，人民检察院发现遗漏同案犯罪嫌疑人或者罪行的，应当要求公安机关补充移送起诉或者补充侦查；对于犯罪事实清楚，证据确实、充分的，可以直接追加、补充起诉。

模拟问题-65 某贪污案的审理中，被告人潜逃至境外，法院该如何处理？

对应场景：某职务犯罪案件中，出现被告人潜逃的情形，针对这一突发状况，法院该如何处理？紧接着考查普通程序和特别程序（缺席审判或者没收违法所得程序）的转化问题。

法条索引《刑事诉讼法》第 206 条第 1 款、第 291 条第 1 款、第 298 条第 1 款

采分有料

中止审理	在审判过程中，有下列情形之一，致使案件在较长时间内无法继续审理的，可以中止审理： （1）被告人患有严重疾病，无法出庭的； （2）被告人脱逃的； （3）自诉人患有严重疾病，无法出庭，未委托诉讼代理人出庭的； （4）由于不能抗拒的原因。 记忆要点 他跑他病耐心等，法院裁定中止审。
缺席审判	对于贪污贿赂犯罪案件，以及需要及时进行审判，经最高人民检察院核准的严重危害国家安全犯罪、恐怖活动犯罪案件，犯罪嫌疑人、被告人在境外，监察机关、公安机关移送起诉，人民检察院认为犯罪事实已经查清，证据确实、充分，依法应当追究刑事责任的，可以向人民法院提起公诉。人民法院进行审查后，对于起诉书中有明确的指控犯罪事实，符合缺席审判程序适用条件的，应当决定开庭审判。 记忆要点 贪贿只要在境外，危恐境外及时审，还要最高检核准。
没收程序	对于贪污贿赂犯罪、恐怖活动犯罪等重大犯罪案件，犯罪嫌疑人、被告人逃匿，在通缉 1 年后不能到案，或者犯罪嫌疑人、被告人死亡，依照《刑法》规定应当追缴其违法所得及其他涉案财产的，人民检察院可以向人民法院提出没收违法所得的申请。 记忆要点 贪恐重大逃 1 年，死了直接收赃钱。

模拟问题-66 某诈骗案（冻结了大量赃款）的审理中，被告人死亡，法院该如何处理？

对应场景：审判中，如果出现被告人死亡的情形，首先判断这属于法定不追究刑

事责任的情形之一，应当裁定终止审理；紧接着又可以考查普通程序和特别程序（缺席审判或者没收违法所得程序）的转化问题。

法条索引《刑事诉讼法》第298条第1款；《刑诉解释》第606条第1款

采分有料

终止审理/缺席判决	人民法院受理案件后被告人死亡的，应当裁定终止审理；但有证据证明被告人无罪，经缺席审理确认无罪的，应当判决宣告被告人无罪。
没收程序	犯罪嫌疑人、被告人死亡，依照《刑法》规定应当追缴其违法所得及其他涉案财产的，人民检察院可以向人民法院提出没收违法所得的申请。

考点36 自诉案件的审理特点

模拟问题-67 自诉案件的审理有哪些特点？

对应场景：张三重婚一案，如果自诉人直接向法院起诉，案件的审理和公诉案件相比，有哪些特别之处？

采分有料

可以调解	公诉转自诉不能调解。 法条索引《刑事诉讼法》第212条第1款
可以反诉	公诉转自诉不能反诉。 法条索引《刑诉解释》第334条
和解撤诉	如果确属自愿，应当准许。 法条索引《刑诉解释》第329条
简易程序	可以简易，不能速裁。 法条索引《刑诉解释》第327条
审限特殊	被告人被羁押的，审限同公诉程序；被告人未被羁押的，审限同民事案件。 法条索引《刑事诉讼法》第212条第2款
有可分性	（1）多名被告人，可以只告部分人； （2）多名自诉人，可以只有部分人告。 法条索引《刑诉解释》第323条

考点37 简易程序VS速裁程序

模拟问题-68 简易程序和速裁程序有哪些区别?

对应场景:

1. 未成年人高某交通肇事一案，高某认罪认罚，法院适用了简易程序审理。
2. 成年人甲某故意伤害一案，甲某也认罪认罚，法院适用了速裁程序审理。

法条索引

简易程序	《刑事诉讼法》第214~221条;《刑诉解释》第359~368条
速裁程序	《刑事诉讼法》第222~226条;《刑诉解释》第369~377条

采分有料

	简易程序	速裁程序
适用条件	(1) 案件事实清楚、证据充分的; (2) 被告人承认自己所犯罪行，对指控的犯罪事实没有异议的; (3) 被告人对适用简易程序没有异议的。 记忆要点 清楚、认罪、同意。	(1) 可能判处3年有期徒刑以下刑罚的; (2) 案件事实清楚，证据确实、充分的; (3) 被告人认罪认罚的; (4) 被告人同意适用速裁程序的。 记忆要点 轻微、清楚、认罪、同意。
禁止范围	记忆要点 盲聋哑、半疯傻、影响大、无罪啊。	记忆要点 盲聋哑、半疯傻、影响大、无罪啊、未成年、民未达。
程序转化	记忆要点 无罪、无责、否认、不清。	记忆要点 无罪、无责、违意愿，否认、疑难、争议大。
审判组织	可能判处3年有期徒刑以下刑罚的，可以组成合议庭审判，也可以由审判员1人独任审判;可能判处的有期徒刑超过3年的，应当组成合议庭进行审判。	应当由审判员1人独任审判。
审理期限	可能判处3年有期徒刑以下刑罚的，应当在受理后20日以内审结;可能判处的有期徒刑超过3年的，可以延长至一个半月。	受理后10日以内审结;可能判处的有期徒刑超过1年的，可以延长至15日。
程序简化	可以摘要宣读起诉书，讯问、发问可以简化或者省略。	一般不进行法庭调查、法庭辩论。
宣判方式	一般应当当庭宣判。	应当当庭宣判。

考点38 法院判决种类

模拟问题-69 根据案情，本案应当作出何种裁判？

对应场景：要求考生通过对案例中的证据材料综合审查判断，最后得出被告人有罪或无罪的结论。

法条索引《刑诉解释》第295条　对第一审公诉案件，人民法院审理后，应当按照下列情形分别作出判决、裁定：

（一）起诉指控的事实清楚，证据确实、充分，依据法律认定指控被告人的罪名成立的，应当作出有罪判决。

（二）起诉指控的事实清楚，证据确实、充分，但指控的罪名不当的，应当依据法律和审理认定的事实作出有罪判决。

（三）案件事实清楚，证据确实、充分，依据法律认定被告人无罪的，应当判决宣告被告人无罪。

（四）证据不足，不能认定被告人有罪的，应当以证据不足、指控的犯罪不能成立，判决宣告被告人无罪。

（五）案件部分事实清楚，证据确实、充分的，应当作出有罪或者无罪的判决；对事实不清、证据不足部分，不予认定。

（六）被告人因未达到刑事责任年龄，不予刑事处罚的，应当判决宣告被告人不负刑事责任。

（七）被告人是精神病人，在不能辨认或者不能控制自己行为时造成危害结果，不予刑事处罚的，应当判决宣告被告人不负刑事责任；被告人符合强制医疗条件的，应当依照本解释第二十六章的规定进行审理并作出判决。

（八）犯罪已过追诉时效期限且不是必须追诉，或者经特赦令免除刑罚的，应当裁定终止审理。

（九）属于告诉才处理的案件，应当裁定终止审理，并告知被害人有权提起自诉。

（十）被告人死亡的，应当裁定终止审理；但有证据证明被告人无罪，经缺席审理确认无罪的，应当判决宣告被告人无罪。

对涉案财物，人民法院应当根据审理查明的情况，依照本解释第十八章的规定作出处理。

具有第1款第2项规定情形的，人民法院应当在判决前听取控辩双方的意见，保障被告人、辩护人充分行使辩护权。必要时，可以再次开庭，组织控辩双方围绕被告人的行为构成何罪及如何量刑进行辩论。

采分有料

第一步：亮观点	本案综合全案证据，尚未达到事实清楚，证据确实、充分的定罪标准，应当判决被告人无罪。
第二步：大前提	根据《刑事诉讼法》第 55 条第 2 款的规定，证据确实、充分，应当符合以下条件：①定罪量刑的事实都有证据证明；②据以定案的证据均经法定程序查证属实；③综合全案证据，对所认定事实已排除合理怀疑。
第三步：小前提	本案证据分析如下： 证据 1：…… 证据 2：…… 证据 3：……
第四步：下结论	综上所述，本案定案的证据没有形成完整证据链，没有达到证据确实、充分的证明标准，不能排除合理怀疑。根据疑罪从无的原理，根据证据裁判原则的要求，不能确定被告人有罪，应当作出无罪判决。

背诵金句 本案定案的证据没有形成完整证据链，没有达到证据确实、充分的证明标准，不能排除合理怀疑。根据疑罪从无的原理，根据证据裁判原则的要求，不能确定被告人有罪，应当作出无罪判决。

考点 39 》二审的启动程序

模拟问题-70 本案中哪些主体有权启动二审？

对应场景：某故意伤害案的一审判决后，被告人、被害人、检察院、附带民事诉讼当事人不服一审判决，分别该如何处理？

法条索引《刑事诉讼法》第 227~229 条

采分有料

上诉主体	(1) 被告人、自诉人及其法定代理人，不服一审裁判的，有权向上一级法院上诉； (2) 附带民事诉讼的当事人及其法定代理人，可以对一审裁判中的附带民事诉讼部分，提出上诉； (3) 被告人的辩护人和近亲属，经被告人同意，可以提出上诉。(非独立上诉权) **命题分析：**上诉无需理由，对被告人的上诉权，不得以任何借口加以剥夺。
抗诉主体	检察院认为本级法院一审裁判确有错误的，应当向上一级法院提出抗诉。 **命题分析 1：**检察院抗诉必须以一审裁判确有错误为由。

续表

抗诉主体	命题分析 2：被害人及其法定代理人不服一审判决的，自收到判决书后 5 日以内，有权请求检察院提出抗诉。

模拟问题-71 二审程序中撤回上诉、抗诉，法院该如何处理？

对应场景：一审判决后，被告人不服一审判决上诉，检察院同时提出了抗诉，但是，被告人在上诉期满前申请撤回了上诉，检察院在抗诉期满后撤回抗诉。二审法院该如何处理？

法条索引《刑诉解释》第 383、385 条

采分有料

撤回上诉	（1）上诉人在上诉期限内要求撤回上诉的，人民法院应当准许。（想撤就撤） （2）上诉人在上诉期满后要求撤回上诉的，第二审人民法院经审查，认为原判认定事实和适用法律正确，量刑适当的，应当裁定准许；认为原判确有错误的，应当不予准许，继续按照上诉案件审理。（见错不许撤）
撤回抗诉	（1）人民检察院在抗诉期限内要求撤回抗诉的，人民法院应当准许；（想撤就撤） （2）人民检察院在抗诉期满后要求撤回抗诉的，第二审人民法院可以裁定准许，但是认为原判存在将无罪判为有罪、轻罪重判等情形的，应当不予准许，继续审理。（判重不许撤）

模拟问题-72 上一级人民检察院对下级人民检察院抗诉的支持与撤回。

对应场景：

1. 上一级人民检察院认为下级人民检察院二审抗诉正确的，怎么处理？
2. 上一级人民检察院认为下级人民检察院二审抗诉不当的，怎么处理？
3. 上一级人民检察院认为下级人民检察院当抗不抗的，又该如何处理？

法条索引《高检规则》第 589 条

采分有料

抗诉正确	认为抗诉正确的，应当支持抗诉。
抗诉不当	认为抗诉不当的，应当听取下级人民检察院的意见。听取意见后，仍然认为抗诉不当的，应当向同级人民法院撤回抗诉，并且通知下级人民检察院。

续表

当抗不抗	在上诉、抗诉期限内，发现下级人民检察院应当提出抗诉而没有提出抗诉的案件，可以指令下级人民检察院依法提出抗诉。
部分支持	支持或者部分支持抗诉意见的，可以变更、补充抗诉理由，及时制作支持抗诉意见书，并通知提出抗诉的人民检察院。

考点 40 全面审查原则

模拟问题-73 简述二审法院的全面审查原则。

对应场景：

1. 共同犯罪案件，只有部分被告人提出上诉，对其他未上诉的被告人是否审查？

2. 二审人民法院审理对刑事部分提出上诉、抗诉的案件，对其附带民事部分是否审查？

法条索引《刑诉解释》第388~390、407、409条

采分有料

共犯犯罪	（1）共同犯罪案件，只有部分被告人提出上诉，或者自诉人只对部分被告人的判决提出上诉，或者人民检察院只对部分被告人的判决提出抗诉的，第二审人民法院应当对全案进行审查，一并处理。 （2）共同犯罪案件，上诉的被告人死亡，其他被告人未上诉的，第二审人民法院应当对死亡的被告人终止审理；但有证据证明被告人无罪，经缺席审理确认无罪的，应当判决宣告被告人无罪。具有前述情形，第二审人民法院仍应对全案进行审查，对其他同案被告人作出判决、裁定。
附带民事	（1）第二审人民法院审理对刑事部分提出上诉、抗诉，附带民事部分已经发生法律效力的案件，发现第一审判决、裁定中的附带民事部分确有错误的，应当依照审判监督程序对附带民事部分予以纠正。 （2）第二审人民法院审理对附带民事部分提出上诉，刑事部分已经发生法律效力的案件，应当对全案进行审查，并按照下列情形分别处理：①第一审判决的刑事部分并无不当的，只需就附带民事部分作出处理；②第一审判决的刑事部分确有错误的，依照审判监督程序对刑事部分进行再审，并将附带民事部分与刑事部分一并审理。

背诵金句 第二审人民法院审理上诉、抗诉案件，应当就第一审判决、裁定认定的事实和适用的法律进行全面审查，不受上诉、抗诉范围的限制。

考点 41 》上诉不加刑原则

模拟问题-74 二审法院是否违反了上诉不加刑原则?

对应场景:

1. 共同犯罪案件，检察院对张三提出抗诉，二审法院对同案犯李四加刑。这是否违反上诉不加刑原则?

2. 一审判盗窃罪 3 年，被告人上诉，二审改判抢劫罪 3 年。这是否违反上诉不加刑原则?

3. 一审判盗窃罪 10 年，被告人上诉，二审改判抢劫罪 10 年。这是否违反上诉不加刑原则?

4. 一审判盗窃罪 3 年、诈骗罪 5 年，并罚 7 年，被告人上诉，二审法院改判盗窃罪 5 年、诈骗罪 3 年，并罚 7 年。这是否违反上诉不加刑原则?

5. 一审判盗窃罪 3 年，被告人上诉，二审以事实不清为由发回重审，重审后改判抢劫罪 5 年。这是否违反上诉不加刑原则?

6. 一审判盗窃罪 5 年，被告人上诉，二审以事实不清为由发回重审，重审后改判盗窃罪 3 年，此时检察院提出抗诉，二审法院改判盗窃罪 7 年。这是否违反上诉不加刑原则?

法条索引《刑诉解释》第 401~403 条

采分有料

概念表述	第二审人民法院审理被告人或者其法定代理人、辩护人、近亲属提出上诉的案件，不得加重被告人的刑罚。人民检察院抗诉或者自诉人上诉的案件，不受前述限制。
对谁不加刑	人民检察院只对部分被告人的判决提出抗诉，或者自诉人只对部分被告人的判决提出上诉的，第二审人民法院不得对其他同案被告人加重刑罚。 记忆要点 被上被抗可加刑，其他通通不加刑。
不得加刑	(1) 同案审理的案件，只有部分被告人上诉的，既不得加重上诉人的刑罚，也不得加重其他同案被告人的刑罚。 (2) 原判认定的罪名不当的，可以改变罪名，但不得加重刑罚或者对刑罚执行产生不利影响。 (3) 原判认定的罪数不当的，可以改变罪数，并调整刑罚，但不得加重决定执行的刑罚或者对刑罚执行产生不利影响。 (4) 原判对被告人宣告缓刑的，不得撤销缓刑或者延长缓刑考验期。 (5) 原判没有宣告职业禁止、禁止令的，不得增加宣告；原判宣告职业禁止、禁止

续表

不得加刑	令的，不得增加内容、延长期限。 (6) 原判对被告人判处死刑缓期执行没有限制减刑、决定终身监禁的，不得限制减刑、决定终身监禁。 (7) 原判判处的刑罚不当、应当适用附加刑而没有适用的，不得直接加重刑罚、适用附加刑。原判判处的刑罚畸轻，必须依法改判的，应当在第二审判决、裁定生效后，依照审判监督程序重新审判。 记忆要点 刑期不变长，刑种不变多，方法不变严，不能变相加，如果非要加，启动再审加。
不变相加刑	(1) 被告人或者其法定代理人、辩护人、近亲属提出上诉，人民检察院未提出抗诉的案件，第二审人民法院发回重新审判后，除有新的犯罪事实且人民检察院补充起诉的以外，原审人民法院不得加重被告人的刑罚。 记忆要点 重审不能变相加，除非新事补充诉。 (2) 对上述案件，原审人民法院对上诉发回重新审判的案件依法作出判决后，人民检察院抗诉的，第二审人民法院不得改判为重于原审人民法院第一次判处的刑罚。 记忆要点 原审没抗重审抗，可加不可超原审。

背诵金句

1. 第二审人民法院审理被告人或者其法定代理人、辩护人、近亲属提出上诉的案件，不得加重被告人的刑罚。但是，人民检察院抗诉或者自诉人上诉的，不受此限。

2. 原判判处的刑罚畸轻，必须依法改判的，应当在第二审判决、裁定生效后，依照审判监督程序重新审判。

考点 42 二审的审理程序和审理结果

模拟问题-75 本案二审法院能否不开庭审理？

对应场景：一审判决被告人无期徒刑，人民检察院抗诉，二审法院能否不开庭审理？

法条索引《刑诉解释》第 393、394 条

采分有料

应当开庭	下列案件，根据《刑事诉讼法》第 234 条的规定，应当开庭审理： (1) 被告人、自诉人及其法定代理人对第一审认定的事实、证据提出异议，可能影响定罪量刑的上诉案件； (2) 被告人被判处死刑的上诉案件； (3) 人民检察院抗诉的案件；

续表

应当开庭	(4) 其他应当开庭审理的案件。 被判处死刑的被告人没有上诉，同案的其他被告人上诉的案件，第二审人民法院应当开庭审理。 记忆要点 抗、死、事证必开庭。
可不开庭	对上诉、抗诉案件，第二审人民法院经审查，认为原判事实不清、证据不足，或者具有《刑事诉讼法》第238条规定的违反法定诉讼程序情形，需要发回重新审判的，可以不开庭审理。

模拟问题-76 本案二审法院审理后如何裁判？

对应场景：

1. 二审法院认为一审裁判不该判处被告人死刑，该如何处理？
2. 二审法院认为一审事实不清、证据不足，该如何处理？
3. 二审法院认为部分同案犯事实不清、证据不足，该如何处理？
4. 二审法院认为一审程序违法，该如何处理？

法条索引《刑事诉讼法》第236、238条；《刑诉解释》第404条第2款

采分有料

二审结果	(1) 维持原判：原判决认定事实和适用法律正确、量刑适当的； (2) 应当改判：原判决适用法律有错误，或者量刑不当的； (3) 可改可发：原判决事实不清楚或者证据不足的； (4) 应当发回：一审违反法定程序，可能影响公正审判的。
共同犯罪部分不清	有多名被告人的案件，部分被告人的犯罪事实不清、证据不足或者有新的犯罪事实需要追诉，且有关犯罪与其他同案被告人没有关联的，第二审人民法院根据案件情况，可以对该部分被告人分案处理，将该部分被告人发回原审人民法院重新审判。原审人民法院重新作出判决后，被告人上诉或者人民检察院抗诉，其他被告人的案件尚未作出第二审判决、裁定的，第二审人民法院可以并案审理。

考点43 死刑立即执行的复核程序

模拟问题-77 中院一审判处被告人死刑立即执行，简述本案中院、高院分别该如何处理。

对应场景：中院一审判处被告人死刑立即执行，如果被告人上诉，中院、高院分别

该如何处理？如果被告人不上诉、检察院不抗诉，中院、高院又该如何处理？

法条索引《刑诉解释》第 423 条第 1 款第 1、2 项

采分有料

上诉抗诉	中院判处死刑的第一审案件，上诉或抗诉，高院二审裁定维持的，应当在作出裁定后10日以内报请最高院核准。
不上不抗	(1) 中院判处死刑的第一审案件，未上诉、抗诉的，在上诉、抗诉期满后 10 日以内报请高院复核。 (2) 高院同意判处死刑的，应当在作出裁定后 10 日以内报请最高院核准；认为原判认定的某一具体事实或者引用的法律条款等存在瑕疵，但判处被告人死刑并无不当的，可以在纠正后作出核准的判决、裁定；不同意判处死刑的，应当依照第二审程序提审或者发回重新审判。

[记忆图示]

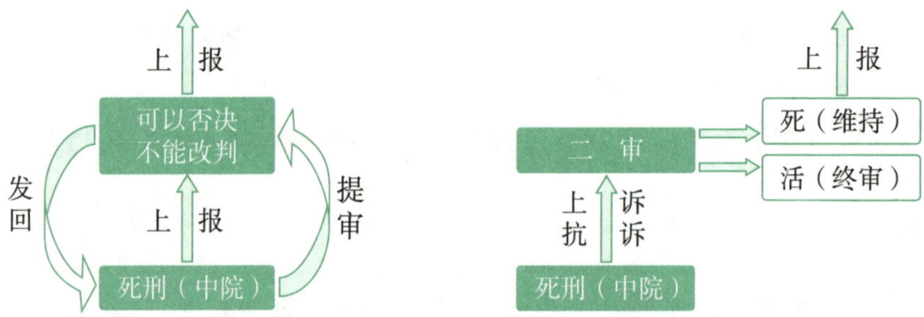

模拟问题-78 本案最高院经死刑复核后应当如何处理？

对应场景：

1. 本案最高院经复核，认为原判事实不清、证据不足，能否改判？

2. 本案最高院经复核，认为原判认定事实清楚，证据确实、充分，但依法不应当判处死刑，能否改判？

法条索引《刑诉解释》第 429 条

采分有料

没错核准	原判认定事实和适用法律正确、量刑适当、诉讼程序合法的，应当裁定核准。
瑕疵纠正	原判认定的某一具体事实或者引用的法律条款等存在瑕疵，但判处被告人死刑并无不当的，可以在纠正后作出核准的判决、裁定。

续表

见错发回	(1) 原判事实不清、证据不足的，应当裁定不予核准，并撤销原判，发回重新审判； (2) 复核期间出现新的影响定罪量刑的事实、证据的，应当裁定不予核准，并撤销原判，发回重新审判； (3) 原判认定事实正确、证据充分，但依法不应当判处死刑的，应当裁定不予核准，并撤销原判，发回重新审判； (4) 原审违反法定诉讼程序，可能影响公正审判的，应当裁定不予核准，并撤销原判，发回重新审判。
不死 必要时可改	原判认定事实正确、证据充分，但依法不应当判处死刑的，应当裁定不予核准，并撤销原判，发回重新审判；根据案件情况，必要时，也可以依法改判。

记忆要点 没错核准、瑕疵纠正、见错发回、不死必要时可改。

模拟问题-79 简述本案最高院不予核准死刑，发回重审的后续程序。

对应场景：

1. 最高院裁定不予核准死刑的，发回哪个法院审理？
2. 最高院不予核准死刑发回二审法院（高院），高院可否再发回一审法院？
3. 最高院不予核准死刑发回复核法院（高院），高院可否再发回一审法院？

法条索引《刑诉解释》第430、431条

采分有料

1. 最高人民法院裁定不予核准死刑的，根据案件情况，可以发回第二审人民法院或者第一审人民法院重新审判。

2. 对最高人民法院发回第二审人民法院重新审判的案件，第二审人民法院一般不得发回第一审人民法院重新审判。

3. 高级人民法院依照复核程序审理后报请最高人民法院核准死刑，最高人民法院裁定不予核准，发回高级人民法院重新审判的，高级人民法院可以依照第二审程序提审或者发回重新审判。

考点44 死缓（限制减刑）的相关程序

模拟问题-80 如果中院一审判处被告人死刑缓期二年执行，高院针对本案该如何处理？

对应场景：

1. 如果中院一审判死缓，检察院二审抗诉，高院二审能否改判死缓并限制减刑？

2. 如果中院一审判死缓，不上诉、不抗诉，高院复核能否改判死缓并限制减刑？

法条索引《刑事诉讼法》第237条；《刑诉解释》第428条

采分有料

二审	中院判死缓没有限制减刑的一审案件，检察院抗诉，高院二审认为应当限制减刑的，应当依法改判。 记忆要点 二审程序：被上被抗可加刑。
复核	中院判死缓没有限制减刑的一审案件，被告人不上诉，检察院不抗诉的，中院上报高院复核认为应当限制减刑的，不得对被告人限制减刑。 记忆要点 复核程序：变轻容易变重难（死缓复核不加刑）。

考点45 再审的申诉程序

模拟问题-81 本案裁判生效后，哪些主体有权申诉？简述申诉途径。

对应场景：

1. 裁判生效后，被害人及辩护人不服终审裁判的，能否申诉？
2. 裁判生效后，当事人向法院申诉的，该如何申诉？如果越级申诉，如何处理？
3. 裁判生效后，当事人向检察院申诉的，该如何申诉？如果越级申诉，如何处理？

法条索引《刑诉解释》第451、453、455、459条；《高检规则》第593、594条

采分有料

申诉主体	当事人及其法定代理人、近亲属以及案外人对已经发生法律效力的判决、裁定提出申诉的，法院应当审查处理。 记忆要点 申诉主体：当、法、近、外。
向法申诉	（1）申诉由终审法院审查处理。但是，二审法院裁定准许撤回上诉的案件，申诉人对一审判决提出申诉的，可以由一审法院审查处理。 （2）上一级法院对未经终审法院审查处理的申诉，可以告知申诉人向终审法院提出申诉，或者直接交终审法院审查处理，并告知申诉人；案件疑难、复杂、重大的，也可以直接审查处理。 （3）对未经终审法院及其上一级法院审查处理，直接向上级法院申诉的，上级法院应当告知申诉人向下级法院提出。

续表

向法申诉	(4) 对死刑案件的申诉，可以由原核准的法院直接审查处理，也可以交由原审法院审查。原审法院应当制作审查报告，提出处理意见，层报原核准的法院审查处理。 (5) 申诉人对驳回申诉不服的，可以向上一级法院申诉。上一级法院经审查认为申诉不符合规定的，应当说服申诉人撤回申诉；对仍然坚持申诉的，应当驳回或者通知不予重新审判。
向检申诉	(1) 向检察院申诉的，由作出生效判决、裁定的法院的同级检察院依法办理。 (2) 直接向上级检察院申诉的，上级检察院可以交由作出生效判决、裁定的法院的同级检察院受理；案情重大、疑难、复杂的，上级检察院可以直接受理。 (3) 经检察院复查决定不予抗诉后继续提出申诉的，上一级检察院应当受理。 (4) 经两级检察院办理且省级检察院已经复查的，如果没有新的证据，检察院不再复查，但原审被告人可能被宣告无罪或者判决、裁定有其他重大错误可能的除外。

考点46 再审的启动程序

模拟问题-82 本案裁判生效后，哪些主体有权启动再审？

对应场景：裁判生效后，当事人申诉只是再审启动的线索来源，申诉并不必然引起再审，真正能启动再审的只有法院和检察院，同学们需要根据案情判断哪些法院、检察院有权启动再审。

法条索引《刑事诉讼法》第254条第1~3款；《刑诉解释》第460条、第461条第1款

采分有料

法　院	(1) 各级人民法院院长发现本院已经发生法律效力的判决、裁定确有错误的，应当提交审判委员会讨论决定是否再审。 (2) 上级人民法院发现下级人民法院已经发生法律效力的判决、裁定确有错误的，可以指令下级人民法院再审；原判决、裁定认定事实正确但适用法律错误，或者案件疑难、复杂、重大，或者有不宜由原审人民法院审理情形的，也可以提审。
检察院	最高人民检察院对各级人民法院已经发生法律效力的判决和裁定，上级人民检察院对下级人民法院已经发生法律效力的判决和裁定，如果发现确有错误，有权按照审判监督程序向同级人民法院提出抗诉。

考点47 再审的审理和裁判

模拟问题-83 本案法院再审依据何种程序审理？

对应场景： 长沙市岳麓区法院对某案作出的一审判决生效后，长沙市检察院向长沙市中院提出抗诉。本案如果要再审，适用何种程序审理？

法条索引《刑事诉讼法》第254条第4款、第256条第1款

采分有料

谁来审？	根据《刑事诉讼法》第254条第4款的规定，人民检察院抗诉的案件，接受抗诉的人民法院应当组成合议庭重新审理，对于原判决事实不清楚或者证据不足的，可以指令下级人民法院再审。 记忆要点 向谁抗诉谁来审，事实不清可指令。 本案原则上应当由接受抗诉的长沙市中院组成合议庭重新审理；但是，如果接受抗诉的长沙市中院认为原判决事实不清楚或者证据不足，可以指令下级人民法院再审。
按几审？	根据《刑事诉讼法》第256条第1款的规定，人民法院按照审判监督程序重新审判的案件，如果原来是第一审案件，应当依照第一审程序进行审判，所作的判决、裁定，可以上诉、抗诉；如果原来是第二审案件，或者是上级人民法院提审的案件，应当依照第二审程序进行审判，所作的判决、裁定，是终审的判决、裁定。 记忆要点 原来一审按一审，原来二审按二审，凡是提审通通按二审。 本案如果由接受抗诉的长沙市中院审理，属于提审，应当依照第二审程序进行审判，所作的判决、裁定，是终审的判决、裁定；如果接受抗诉的长沙市中院认为原判决事实不清楚或者证据不足，指令下级人民法院再审，则由于本案原来是第一审案件，因此应当依照第一审程序进行审判，所作的判决、裁定，可以上诉、抗诉。

模拟问题-84 本案经过再审，认为原判事实不清、证据不足，该如何处理？

对应场景： 湖南省高院两审终审，裁判生效后，最高检向最高院提出再审抗诉。最高院如果认为本案事实不清、证据不足，该如何处理？

法条索引《刑事诉讼法》第254条第4款；《刑诉解释》第472条

采分有料

谁来审？	最高人民检察院向最高人民法院提出再审抗诉的案件，接受抗诉的最高人民法院应当组成合议庭重新审理，对于原判决事实不清楚或者证据不足的，可以指令高级人民法院再审。

续表

按几审?	由于本案已经过湖南省高院两审终审，因此，无论是最高院提审，还是指令高院再审，均适用二审程序审理。
怎么判?	依照第二审程序审理的案件，原判决、裁定事实不清、证据不足的，可以在查清事实后改判，也可以裁定撤销原判，发回原审人民法院重新审判。事实仍无法查清，证据不足，不能认定被告人有罪的，应当撤销原判决、裁定，判决宣告被告人无罪。

专题 6 刑诉案例中的民刑交叉

考点 48 附带民事诉讼的前提条件

模拟问题-85 法院如果认定刑事被告人的行为不构成犯罪，本案附带民事诉讼该如何处理？法院如果准许检察院撤回起诉，本案附带民事诉讼又该如何处理？

法条索引《刑诉解释》第 197 条

采分有料

不构成犯罪	人民法院认定公诉案件被告人的行为不构成犯罪，对已经提起的附带民事诉讼，经调解不能达成协议的，可以一并作出刑事附带民事判决，也可以告知附带民事诉讼原告人另行提起民事诉讼。 **记忆要点** 公诉若无罪，附民可调可判可另诉。
撤回公诉	人民法院准许人民检察院撤回起诉的公诉案件，对已经提起的附带民事诉讼，可以进行调解；不宜调解或者经调解不能达成协议的，应当裁定驳回起诉，并告知附带民事诉讼原告人可以另行提起民事诉讼。 **记忆要点** 公诉若撤回，附民调、驳、另。

考点 49 附带民事诉讼的赔偿范围

模拟问题-86 本案附带民事诉讼原告人的哪些赔偿请求可以得到支持？

对应场景：案例中原告人要求被告人赔偿被害人住院期间的医疗费、误工费、残疾赔偿金以及被抢走的手机。

法条索引《刑诉解释》第 175~177、192 条

采分有料

精神损害不赔	被害人因人身权利受到犯罪侵犯或者财物被犯罪分子毁坏而遭受物质损失的，有权在刑事诉讼过程中提起附带民事诉讼。 **命题分析**：因受到犯罪侵犯，提起附带民事诉讼或者单独提起民事诉讼要求赔偿精神损失的，人民法院一般不予受理。

续表

非法占有、处置的财产不赔	被告人非法占有、处置被害人财产的，应当依法予以追缴或者责令退赔。被害人提起附带民事诉讼的，人民法院不予受理。追缴、退赔的情况，可以作为量刑情节考虑。
公权力侵权不赔	国家机关工作人员在行使职权时，侵犯他人人身、财产权利构成犯罪，被害人或者其法定代理人、近亲属提起附带民事诉讼的，人民法院不予受理，但应当告知其可以依法申请国家赔偿。
人身伤害犯罪的赔偿范围	犯罪行为造成被害人人身损害的，应当赔偿医疗费、护理费、交通费等为治疗和康复支付的合理费用，以及因误工减少的收入。造成被害人残疾的，还应当赔偿残疾生活辅助器具费等费用；造成被害人死亡的，还应当赔偿丧葬费等费用。 记忆要点 医护交康加误工，残疾辅助死亡葬。 命题分析：残疾赔偿金和死亡赔偿金的请求一般不予支持。

背诵金句 附带民事诉讼的赔偿范围仅限于因被告人的犯罪行为造成的实际的必然的物质损失。

考点 50 附带民事诉讼的当事人

模拟问题-87 共同侵害案件中，如何列明当事人？

对应场景：

1. 共同犯罪案件中同案犯在逃，法院能否追加其为附带民事诉讼被告人？
2. 刑事被告人以外的附带民事诉讼被告人下落不明的，又该如何处理？

法条索引《刑诉解释》第 181 条、第 195 条第 3 款

采分有料

共犯在逃	（1）被害人或者其法定代理人、近亲属仅对部分共同侵害人提起附带民事诉讼的，人民法院应当告知其可以对其他共同侵害人，包括没有被追究刑事责任的共同侵害人，一并提起附带民事诉讼，但共同犯罪案件中同案犯在逃的除外； （2）被害人或者其法定代理人、近亲属放弃对其他共同侵害人的诉讼权利的，人民法院应当告知其相应法律后果，并在裁判文书中说明其放弃诉讼请求的情况。
民事被告人下落不明	刑事被告人以外的附带民事诉讼被告人下落不明，或者用公告送达以外的其他方式无法送达，可能导致刑事案件审判过分迟延的，可以不将其列为附带民事诉讼被告人，告知附带民事诉讼原告人另行提起民事诉讼。

考点 51 附带民事诉讼的审理

模拟问题-88 简述刑事附带民事诉讼的先刑后民的审理特点。

对应场景：张某交通肇事一案，如果附带民事诉讼的审理可能导致刑事案件审判的过分迟延，能否先审理刑事部分再审理民事部分？

法条索引《刑诉解释》第196条 附带民事诉讼应当同刑事案件一并审判，只有为了防止刑事案件审判的过分迟延，才可以在刑事案件审判后，由同一审判组织继续审理附带民事诉讼；同一审判组织的成员确实不能继续参与审判的，可以更换。

采分有料

1. 先审理刑事部分，后审理附带民事部分。

2. 必须由审理刑事案件的同一审判组织继续审理附带民事部分，不得另行组成合议庭。同一审判组织的成员确实不能继续参与审判的，可以更换。

3. 附带民事诉讼部分的判决对案件事实的认定不得同刑事判决相抵触。

4. 附带民事诉讼部分的延期审理，一般不影响刑事判决的生效。

考点 52 附带民事诉讼的后续程序

模拟问题-89 刑事附带民事诉讼的二审程序。

对应场景：

1. 只有附带民事诉讼当事人上诉，一审刑事判决效力如何？二审全面审查中发现刑事部分有错误，该如何处理？

2. 只有刑事被告人上诉，一审附带民事判决效力如何？二审全面审查中发现附带民事部分有错误，又该如何处理？

法条索引《刑诉解释》第407~409条

采分有料

效力分离	刑事附带民事诉讼案件，只有附带民事诉讼当事人及其法定代理人上诉的，第一审刑事部分的判决在上诉期满后即发生法律效力。应当送监执行的第一审刑事被告人是第二审附带民事诉讼被告人的，在第二审附带民事诉讼案件审结前，可以暂缓送监执行。

续表

民上刑不上	第二审人民法院审理对附带民事部分提出上诉，刑事部分已经发生法律效力的案件，应当对全案进行审查，第一审判决的刑事部分确有错误的，依照审判监督程序对刑事部分进行再审，并将附带民事部分与刑事部分一并审理。
刑上民不上	第二审人民法院审理对刑事部分提出上诉、抗诉，附带民事部分已经发生法律效力的案件，发现第一审判决、裁定中的附带民事部分确有错误的，应当依照审判监督程序对附带民事部分予以纠正。

模拟问题-90 一审判处被告人死刑，只有附带民事诉讼原告人上诉，二审法院能否对刑事判决一并审查处理？

采分有料

本案二审法院对刑事部分不能一并审查。中级人民法院一审判处死刑的案件，被判处死刑的被告人未提出上诉，仅附带民事诉讼原告人提出上诉的，高级人民法院只能对附带民事诉讼部分进行审理，不能对刑事部分进行审查，一审法院作出的死刑裁判应当进入死刑复核程序。

专题 7 刑诉案例中的特别程序（程序转化）

考点 53 未成年人案件诉讼程序

模拟问题-91 本案能否对犯罪嫌疑人××适用附条件不起诉？不同主体对附条件不起诉不服，如何救济？检察院考察后，最终案件该如何处理？

对应场景： 未成年犯罪嫌疑人涉嫌盗窃罪，有悔罪表现，检察院经审查认为，犯罪事实清楚，证据确实、充分，符合起诉条件，对其可能判处1年有期徒刑以下刑罚。

法条索引《刑事诉讼法》第282~284条；《高检规则》第469~476条

采分有料

<table>
<tr><td>适用条件</td><td colspan="2">对于未成年人涉嫌《刑法》分则第四章、第五章、第六章规定的犯罪，可能判处1年有期徒刑以下刑罚，符合起诉条件，但有悔罪表现的，人民检察院可以作出附条件不起诉的决定。（《刑事诉讼法》第282条第1款）
记忆要点 小孩犯罪456，1年以下够起诉，悔过可以附条件。</td></tr>
<tr><td>异议方式</td><td colspan="2">（1）对附条件不起诉的决定，公安机关可以要求复议、提请复核。（《刑事诉讼法》第282条第2款）
（2）被害人对检察院作出的附条件不起诉的决定，可以向上一级检察院申诉，但不可向法院自诉。（《全国人民代表大会常务委员会关于〈中华人民共和国刑事诉讼法〉第二百七十一条第二款的解释》）
（3）未成年犯罪嫌疑人及其法定代理人对拟作出附条件不起诉决定提出异议的，人民检察院应当提起公诉。但是，前述主体提出无罪辩解，人民检察院经审查认为无罪辩解理由成立的，应当作出不起诉决定。前述主体仅对所附条件及考验期有异议的，人民检察院可以依法采纳其合理的意见，对考察的内容、方式、时间等进行调整。人民检察院作出起诉决定前，前述主体撤回异议的，人民检察院可以依法作出附条件不起诉决定。（《高检规则》第470条）</td></tr>
<tr><td>考察监督</td><td colspan="2">法条索引《刑事诉讼法》第283条；《高检规则》第475、476条</td></tr>
<tr><td>处理结果</td><td>起　诉</td><td>被附条件不起诉的未成年犯罪嫌疑人，在考验期内有下列情形之一的，人民检察院应当撤销附条件不起诉的决定，提起公诉：①实施新的犯罪或者发现决定附条件不起诉以前还有其他犯罪需要追诉的；②违反治安管理规定或者考察机关有关附条件不起诉的监督管理规定，情节严重的。（漏罪、新罪、违法、违规）</td></tr>
</table>

续表

处理结果	不起诉	被附条件不起诉的未成年犯罪嫌疑人，在考验期内没有上述情形，考验期满的，人民检察院应当作出不起诉的决定。

模拟问题-92 本案公、检、法机关在适用未成年人诉讼程序上有哪些程序违法？

对应场景：未成年人张三和李四共同涉嫌盗窃犯罪，案件在对张三和李四的程序适用上有很多差异，这些不同之处就是考点。

采分有料

分案原则	检察院审查未成年人与成年人共同犯罪案件，一般应当将未成年人与成年人分案起诉。但是具有下列情形之一的，可以不分案起诉：①未成年人系犯罪集团的组织者或者其他共同犯罪中的主犯的；②案件重大、疑难、复杂，分案起诉可能妨碍案件审理的；③涉及刑事附带民事诉讼，分案起诉妨碍附带民事诉讼部分审理的；④具有其他不宜分案起诉情形的。（《人民检察院办理未成年人刑事案件的规定》第51条第1款）
不公开原则	开庭审理时被告人不满18周岁的案件，一律不公开审理。（《刑诉解释》第557条第1款）
讯问、询问	在讯问和开庭时，应当通知未成年被告人的法定代理人到场。法定代理人无法通知、不能到场或者是共犯的，也可以通知合适成年人到场，并将有关情况记录在案。 命题分析1：根据《刑诉解释》第94条第4项的规定，讯问未成年人，其法定代理人或者合适成年人不在场的，该被告人供述不能作为定案的根据。 命题分析2：根据《刑诉解释》第90条第5项的规定，询问未成年人，其法定代理人或者合适成年人不在场的，该被告人陈述属于瑕疵证据，经补正或者作出合理解释的，可以采用；不能补正或者作出合理解释的，不得作为定案的根据。
一次询问原则	审理未成年人遭受性侵害或者暴力伤害案件，在询问未成年被害人、证人时，应当采取同步录音录像等措施，尽量一次完成；未成年被害人、证人是女性的，应当由女性工作人员进行。（《刑诉解释》第556条第2款）
少年法庭	法条索引《刑诉解释》第550条
强制辩护	（1）审判时不满18周岁的未成年被告人没有委托辩护人的，人民法院应当通知法律援助机构指派律师为其提供辩护。 （2）拒绝辩护重新开庭后，未成年被告人再次当庭拒绝辩护人辩护的，不予准许。重新开庭时被告人已满18周岁的，再次当庭拒绝辩护人辩护的，可以准许，但不得再另行委托辩护人或者要求另行指派律师，由其自行辩护。 法条索引《刑诉解释》第564条、第572条第2款

续表

简易程序	适用简易程序审理，应当征求未成年被告人及其法定代理人、辩护人的意见。 **命题分析：**审理未成年人案件可以适用简易程序，但是不能适用速裁程序。 法条索引《刑诉解释》第566条
补充陈述	法条索引《刑诉解释》第577条
公开宣判	法条索引《刑诉解释》第578条
封存记录	法条索引《刑事诉讼法》第286条；《高检规则》第482、486、487条
认罪认罚	（1）未成年犯罪嫌疑人认罪认罚的，在签署具结书时应当有其法定代理人、辩护人在场，未成年犯罪嫌疑人及其法定代理人、辩护人都对认罪认罚没有异议且愿意签署具结书的，应当签署具结书； （2）法定代理人、辩护人对未成年人认罪认罚有异议的，不需要签署认罪认罚具结书； （3）未成年人认罪认罚案件，不适用速裁程序。

考点54 当事人和解的公诉案件诉讼程序

模拟问题-93 本案能否适用公诉和解程序？

对应场景：某交通肇事案，被告人认罪认罚，积极赔偿取得被害人谅解。本案如果问能否适用公诉和解程序，需要从案件范围和和解条件上进行判断。

法条索引《刑事诉讼法》第288条；《高检规则》第492条

采分有料

和解案件范围		（1）因民间纠纷引起，涉嫌《刑法》分则第四章、第五章规定的犯罪案件，可能判处3年有期徒刑以下刑罚； （2）除渎职犯罪以外的可能判处7年有期徒刑以下刑罚的过失犯罪案件。 记忆要点 民间人财3年下，7年过失渎职外。 **命题分析：**以下六种情形不属于因民间纠纷引起的犯罪案件：①雇凶伤害他人的；②涉及黑社会性质组织犯罪的；③涉及寻衅滋事的；④涉及聚众斗殴的；⑤多次故意伤害他人身体的；⑥其他不宜和解的。
和解的条件	积极条件	记忆要点 你认错、他原谅、都愿意、侵特定、事实清。（《高检规则》第492条第2款）
	消极条件	5年以内曾经故意犯罪的，不适用公诉和解程序。

模拟问题-94 公诉案件和解的效果。

对应场景：某交通肇事案，被告人认罪认罚，积极赔偿取得被害人谅解。本案如果适用公诉和解程序，公安机关能否撤销案件？法院能否判决无罪？检察院能否撤诉？

法条索引《刑事诉讼法》第290条

采分有料

公安机关	对于达成和解协议的案件，公安机关可以向检察院提出从宽处理的建议。 **命题分析：**公安机关不能因和解而决定撤案。
检察院	检察院可以向法院提出从宽处罚的建议；对于犯罪情节轻微，不需要判处刑罚的，可以作出不起诉的决定。 **命题分析：**检察院不能因和解而决定撤诉。
法　院	法院可以依法对被告人从宽处罚。 **命题分析：**法院不能因和解而判无罪。

模拟问题-95 达成公诉和解协议的案件，和解协议能否分期履行？履行完毕的和解协议能否反悔？

对应场景：甲因琐事与乙发生口角进而厮打，推搡之间，不慎致乙死亡。检察院以甲涉嫌过失致人死亡罪提起公诉，乙母丙向法院提起附带民事诉讼。本案刑事部分可以和解达成和解协议，民事部分可以调解，达成调解协议。

法条索引《刑诉解释》第592~595条

采分有料

签署协议	和解协议书应当由双方当事人和审判人员签名，但不加盖人民法院印章。
履行协议	（1）和解协议约定的赔偿损失内容，被告人应当在协议签署后即时履行； （2）被害人或者其法定代理人、近亲属提起附带民事诉讼后，双方愿意和解，但被告人不能即时履行全部赔偿义务的，人民法院应当制作附带民事调解书。
协议反悔	（1）和解协议已经全部履行，当事人反悔的，人民法院不予支持，但有证据证明和解违反自愿、合法原则的除外； （2）双方当事人在侦查、审查起诉期间已经达成和解协议并全部履行，被害人或者其法定代理人、近亲属又提起附带民事诉讼的，人民法院不予受理，但有证据证明和解违反自愿、合法原则的除外。

考点55 缺席审判程序

模拟问题-96 本案能否适用缺席审判程序？

对应场景：

1. ××诈骗一案，犯罪嫌疑人、被告人在境外，能否适用缺席审判？

2. ××贪污一案，被告人突发精神病，已中止审理3个月，能否适用缺席审判？

3. ××故意杀人一案，被告人在审理期间死亡，目前证据能证明其构成犯罪，能否适用缺席审判？

法条索引《刑事诉讼法》第291、296、297条；《刑诉解释》第607条

采分有料

逃境外	对于贪污贿赂犯罪案件，以及需要及时进行审判，经最高人民检察院核准的严重危害国家安全犯罪、恐怖活动犯罪案件，犯罪嫌疑人、被告人在境外，监察机关、公安机关移送起诉，人民检察院认为犯罪事实已经查清，证据确实、充分，依法应当追究刑事责任的，可以向人民法院提起公诉。人民法院进行审查后，对于起诉书中有明确的指控犯罪事实，符合缺席审判程序适用条件的，应当决定开庭审判。 记忆要点 贪贿只要在境外，危恐境外及时审，还要最高检核准。
得疾病	因被告人患有严重疾病无法出庭，中止审理超过6个月，被告人仍无法出庭，被告人及其法定代理人、近亲属申请或者同意恢复审理的，人民法院可以在被告人不出庭的情况下缺席审理，依法作出判决。 记忆要点 疾病中止超6月，还要申请或同意。
已死亡	（1）被告人死亡的，人民法院应当裁定终止审理，但有证据证明被告人无罪，人民法院经缺席审理确认无罪的，应当依法作出判决。 （2）人民法院按照审判监督程序重新审判的案件，被告人死亡的，可以缺席审理。有证据证明被告人无罪，经缺席审理确认被告人无罪的，应当判决宣告被告人无罪；虽然构成犯罪，但原判量刑畸重的，应当依法作出判决。 记忆要点 被告死亡若缺席，除非因为他无罪；若是审监他死亡，有罪也能缺席判。

模拟问题-97 法院经审理如果认为被告人构成的并非指控的贪污罪，而是诈骗罪，该如何处理？

对应场景：

1. 某贪污案的普通审理程序中，法院经审理认为被告人的行为并非贪污而是诈骗，

该如何处理？

2. 某贪污案的缺席审判程序中，法院经审理认为被告人的行为并非贪污而是诈骗，又该如何处理？

法条索引《刑诉解释》第 295、604 条

采分有料

普通程序	对第一审公诉案件，人民法院审理后，认为起诉指控的事实清楚，证据确实、充分，但指控的罪名不当的，应当依据法律和审理认定的事实作出有罪判决。
缺席审判	对人民检察院依照《刑事诉讼法》第 291 条第 1 款的规定提起公诉的案件，人民法院审理后应当参照《刑诉解释》第 295 条的规定作出判决、裁定。经审理认定的罪名不属于《刑事诉讼法》第 291 条第 1 款规定的罪名的，应当终止审理。

考点 56 没收违法所得程序

模拟问题-98 没收违法所得程序的适用条件。

对应场景：

1. ×× 贪污一案，被告人潜逃境外，本案能否适用没收违法所得程序？
2. ×× 盗窃一案，被告人在审理期间死亡，本案能否适用没收违法所得程序？

法条索引《刑事诉讼法》第 298 条第 1 款

采分有料

逃　匿	对于贪污贿赂犯罪、恐怖活动犯罪等重大犯罪案件，犯罪嫌疑人、被告人逃匿，在通缉 1 年后不能到案，依照《刑法》规定应当追缴其违法所得及其他涉案财产的，人民检察院可以向人民法院提出没收违法所得的申请。
死　亡	犯罪嫌疑人、被告人死亡，依照《刑法》规定应当追缴其违法所得及其他涉案财产的，人民检察院可以向人民法院提出没收违法所得的申请。

记忆要点 贪恐重大逃 1 年，死了直接收脏钱。

模拟问题-99 法院审理没收违法所得案件，该如何裁判？利害关系人对处理结果不服的，该如何救济？生效的没收裁定确有错误的，又该如何处理？

法条索引《刑事诉讼法》第 300 条；《刑诉解释》第 622、628 条

采分有料

审理结果	(1) 对经查证属于违法所得及其他涉案财产，除依法返还被害人的以外，应当裁定予以没收； (2) 对不属于应当追缴的财产的，应当裁定驳回申请，解除查封、扣押、冻结措施。
救济途径	对没收违法所得或者驳回申请的裁定，犯罪嫌疑人、被告人的近亲属和其他利害关系人或者人民检察院可以在5日以内提出上诉、抗诉。
生效裁定	**命题分析1**：裁定生效后，犯罪嫌疑人、被告人到案并对没收裁定提出异议，人民法院如何处理？ 没收违法所得裁定生效后，犯罪嫌疑人、被告人到案并对没收裁定提出异议，人民检察院向原作出裁定的人民法院提起公诉的，人民法院经审理，应当按照下列情形分别处理：①原裁定正确的，予以维持，不再对涉案财产作出判决；②原裁定确有错误的，应当撤销原裁定，并在判决中对有关涉案财产一并作出处理。
	命题分析2：裁定生效后确有错误，犯罪嫌疑人、被告人没有到案，人民法院又该如何处理？ 人民法院生效的没收裁定确有错误的，应当依照审判监督程序予以纠正。
	记忆要点 人来了，走诉讼；人没了，走审监。

考点57 普通程序和特别程序的转换问题

模拟问题-100 公诉程序中，被告人脱逃或者死亡的，法院该如何处理？

对应场景：

1. ××贪污一案，在审判阶段被告人潜逃境外，本案能否适用缺席审判程序？

2. ××盗窃一案，被告人在审理期间死亡，本案能否适用没收违法所得程序？

法条索引《刑事诉讼法》第291条第1款、第298条第1款；《刑诉解释》第626条第1款

采分有料

公诉转没收	在审理案件过程中，被告人脱逃或者死亡的，人民法院裁定中止审理或终止审理，符合违法所得没收程序的适用条件的，人民检察院可以向人民法院提出没收违法所得的申请。 记忆要点 贪恐重大逃1年，死了直接收脏钱。

续表

公诉转缺席	在审理案件过程中，被告人脱逃或者死亡的，人民法院裁定中止审理或终止审理，符合缺席审判程序的适用条件的，人民检察院可以按照缺席审判程序向人民法院提起公诉。 记忆要点 (1) 贪贿只要在境外，危恐境外及时审，还要最高检核准。 (2) 被告死亡若缺席，除非因为他无罪；若是审监他死亡，有罪也能缺席判。

模拟问题-101 特别程序审理中，在逃的被告人到案的，法院该如何处理？

对应场景：

1. 缺席审判中，被告人到案的，如何处理？
2. 没收违法所得程序中，被告人到案的，如何处理？

法条索引《刑事诉讼法》第295条第1、2款；《刑诉解释》第625条

采分有料

缺席转普通	(1) 在审理过程中，被告人自动投案或者被抓获的，人民法院应当重新审理。 (2) 罪犯在判决、裁定发生法律效力后到案的，人民法院应当将罪犯交付执行刑罚。交付执行刑罚前，人民法院应当告知罪犯有权对判决、裁定提出异议。罪犯对判决、裁定提出异议的，人民法院应当重新审理。
没收转普通	在审理申请没收违法所得的案件过程中，在逃的犯罪嫌疑人、被告人到案的，人民法院应当裁定终止审理。人民检察院向原受理申请的人民法院提起公诉的，可以由同一审判组织审理。

模拟问题-102 法院审理中，被告人突发精神病，该如何处理？

对应场景：

1. 某抢劫杀人案，审理中被告人突发精神病，法院能否对其适用强制医疗程序？
2. 某抢劫杀人案，审理中被告人突发精神病，能否缺席审判？

法条索引《刑事诉讼法》第206条第1款第1项，第296、302条

采分有料

中止审理	本案因被告人突发精神病，致使案件在较长时间内无法继续审理，可以中止审理。

续表

强制医疗	本案不能适用强制医疗程序。实施暴力行为，危害公共安全或者严重危害公民人身安全，经法定程序鉴定依法不负刑事责任的精神病人，有继续危害社会可能的，可以予以强制医疗。本案审理中被告人突发精神病，只是审理中的突发状况，并不属于不负刑事责任的精神病人的情形。 记忆要点 强制医疗的适用条件：暴力、无责、有危险。
缺席审判	本案因被告人患有严重疾病无法出庭，中止审理超过6个月，被告人仍无法出庭，被告人及其法定代理人、近亲属申请或者同意恢复审理的，人民法院可以在被告人不出庭的情况下缺席审理，依法作出判决。 记忆要点 疾病中止超6月，还要申请或同意。

中篇

LECTURE

02

法条定位之技能提升

一、熟悉2025年法考大纲要求的法条考查目录（35个）

1.《刑事诉讼法》★★★★★
2.《人民陪审员法》
3.《最高人民法院关于适用〈中华人民共和国人民陪审员法〉若干问题的解释》
4.《社区矫正法》
5.《全国人民代表大会常务委员会关于〈中华人民共和国刑事诉讼法〉第七十九条第三款的解释》
6.《全国人民代表大会常务委员会关于〈中华人民共和国刑事诉讼法〉第二百五十四条第五款、第二百五十七条第二款的解释》
7.《全国人民代表大会常务委员会关于〈中华人民共和国刑事诉讼法〉第二百七十一条第二款的解释》
8.《最高人民法院、最高人民检察院、公安部、国家安全部、司法部、全国人大常委会法制工作委员会关于实施刑事诉讼法若干问题的规定》
9.《最高人民法院关于适用〈中华人民共和国刑事诉讼法〉的解释》★★★★
10.《人民检察院刑事诉讼规则》★★★★
11.《公安机关办理刑事案件程序规定》★★★★
12.《最高人民法院、最高人民检察院、公安部、国家安全部、司法部关于适用认罪认罚从宽制度的指导意见》★★★★★
13.《最高人民检察院关于依法保障律师执业权利的规定》
14.《法律援助值班律师工作办法》★★
15.《最高人民法院、最高人民检察院、公安部、国家安全部、司法部关于办理刑事案件严格排除非法证据若干问题的规定》★★★★★
16.《最高人民法院、最高人民检察院、公安部关于办理刑事案件收集提取和审查判断电子数据若干问题的规定》

续表

17.《最高人民法院关于进一步加强合议庭职责的若干规定》
18.《最高人民法院、最高人民检察院、公安部、国家安全部、司法部关于规范量刑程序若干问题的意见》★★
19.《关于办理死刑复核案件听取辩护律师意见的办法》
20.《最高人民法院关于死刑复核及执行程序中保障当事人合法权益的若干规定》
21.《最高人民法院关于死刑缓期执行限制减刑案件审理程序若干问题的规定》
22.《最高人民法院关于刑事裁判涉财产部分执行的若干规定》
23.《最高人民法院关于刑事再审案件开庭审理程序的具体规定（试行）》
24.《最高人民法院关于减刑、假释案件审理程序的规定》
25.《人民检察院办理减刑、假释案件规定》
26.《最高人民法院、最高人民检察院、中国海警局关于海上刑事案件管辖等有关问题的通知》
27.《人民检察院办理未成年人刑事案件的规定》
28.《关于建立健全防范刑事冤假错案工作机制的意见》★★
29.《最高人民法院、最高人民检察院关于适用犯罪嫌疑人、被告人逃匿、死亡案件违法所得没收程序若干问题的规定》
30.《最高人民法院、司法部关于为死刑复核案件被告人依法提供法律援助的规定（试行）》
31.《最高人民法院、最高人民检察院、公安部关于办理信息网络犯罪案件适用刑事诉讼程序若干问题的意见》★
32.《关于取保候审若干问题的规定》★
33.《人民检察院、公安机关羁押必要性审查、评估工作规定》★★
34.《最高人民法院、最高人民检察院、公安部、国家安全部、司法部办理刑事案件排除非法证据规程》（新增）★★★★★
35.《最高人民法院、最高人民检察院、公安部、国家安全部、司法部办理刑事案件庭前会议规程》（新增）★★★★★

二、缩小法条搜寻范围（法条瘦身）

（一）常规类文件（大哥带上三兄弟）

简称	全称
《刑事诉讼法》	《中华人民共和国刑事诉讼法》★★★★★
《刑诉解释》	《最高人民法院关于适用〈中华人民共和国刑事诉讼法〉的解释》★★★★★
《高检规则》	《人民检察院刑事诉讼规则》★★★★
《公安部规定》	《公安机关办理刑事案件程序规定》★★★

[备考提示] 建议同学们熟悉常规文件的全称，在一级搜索功能中搜索简称是无法找到该文件的，但可以搜索全称中的部分关键词（如“刑事诉讼规则”“公安机关办理”）。

（二）专项类文件

专项制度	简　称	全　　称
认罪认罚	《认罪认罚指导意见》	《最高人民法院、最高人民检察院、公安部、国家安全部、司法部关于适用认罪认罚从宽制度的指导意见》★★★★★
庭前会议	《庭前会议规程》	《最高人民法院、最高人民检察院、公安部、国家安全部、司法部办理刑事案件庭前会议规程》★★★★★
排非程序	《排非规定》	《最高人民法院、最高人民检察院、公安部、国家安全部、司法部关于办理刑事案件严格排除非法证据若干问题的规定》★★★★★
	《排非规程》	《最高人民法院、最高人民检察院、公安部、国家安全部、司法部办理刑事案件排除非法证据规程》★★★★★
规范量刑	《量刑意见》	《最高人民法院、最高人民检察院、公安部、国家安全部、司法部关于规范量刑程序若干问题的意见》★★★
值班律师	《法援值班办法》	《法律援助值班律师工作办法》★★★
取保候审	《取保候审规定》	《关于取保候审若干问题的规定》★★★
羁押必要性审查	《羁押必要性审查、评估规定》	《人民检察院、公安机关羁押必要性审查、评估工作规定》★★★★

三、法条定位的四个原则

（一）新增考点找新规

1. 2025 年大纲新增法律文件

庭前会议	《庭前会议规程》
排非规程	《排非规程》
职务犯罪调查手段	《监察法》

实战演习-1 张三盗窃一案，被告人张三申请参加庭前会议，法院不予准许的，是否合法？

［定位方法］虽然《刑诉解释》第九章第二节规定了庭前会议的相关问题，根据《刑诉解释》第 230 条第 2、3 款的规定，法院不予准许被告人参加庭前会议，似乎不违反法律规定，参加庭前会议并非被告人的基本诉讼权利；但是，根据 2025 年大纲新增的《庭前会议规程》第 4 条第 3 款的规定，被告人申请参加庭前会议或者申请排除非法证据等情形的，法院应当通知被告人到场。可知，被告人有参加庭前会议的权利。

被告人申请参加庭前会议，法院不予准许是违法的。根据新增考点找新规的原则，该问题应当索引新规来作答。

错误示范	**《刑诉解释》第 230 条** 庭前会议由审判长主持，合议庭其他审判员也可以主持庭前会议。 召开庭前会议应当通知公诉人、辩护人到场。 庭前会议准备就非法证据排除了解情况、听取意见，或者准备询问控辩双方对证据材料的意见的，应当通知被告人到场。有多名被告人的案件，可以根据情况确定参加庭前会议的被告人。
正确示范	**《庭前会议规程》第 4 条** 庭前会议由审判长或者承办案件的审判员主持，合议庭其他审判员也可以主持庭前会议。 公诉人、辩护人应当参加庭前会议，检察官助理、律师助理可以协助。 根据案件情况，被告人可以参加庭前会议；被告人申请参加庭前会议或者申请排除非法证据等情形的，人民法院应当通知被告人到场；有多名被告人的案件，人民法院根据案件情况确定参加庭前会议的辩护人和被告人。 庭前会议中开展附带民事调解的，人民法院应当通知附带民事诉讼当事人及其法定代理人、诉讼代理人到场。

实战演习-2 张三盗窃一案，被告人张三申请排除非法证据，一审法院未予审查，并以有关证据作为定案的根据，可能影响公正审判的，二审法院该如何处理？

[定位方法] 关于该问题，我们在 2017 年出台的《排非规定》第 40 条第 1 款和 2025 年大纲新增的《排非规程》第 33 条均能找到依据，但是两个条文得出的结论却不尽相同：前者规定二审法院可以裁定撤销原判，发回原审法院重新审判；而后者规定二审法院应当裁定撤销原判，发回原审法院重新审判。根据新增考点找新规的原则，该问题应当索引新规来作答。

错误示范	**《排非规定》第 40 条第 1 款** 第一审人民法院对被告人及其辩护人排除非法证据的申请未予审查，并以有关证据作为定案根据，可能影响公正审判的，第二审人民法院可以裁定撤销原判，发回原审人民法院重新审判。
正确示范	**《排非规程》第 33 条** 第一审人民法院对被告人及其辩护人排除非法证据的申请未予审查，并以有关证据作为定案的根据，可能影响公正审判的，第二审人民法院应当裁定撤销原判，发回原审人民法院重新审判。

实战演习-3 李四贪污 300 万元，监察委员会在调查阶段，将其留置长达 8 个月的，是否合法？

[定位方法] 关于留置程序，在《刑事诉讼法》中找不到有关规定，因此该问题

只能适用《监察法》的规定。根据2024年修正前的《监察法》第43条第2款的规定，留置时间最长6个月。因此，案例中留置时间长达8个月的做法违反了该条文的规定。但是，如果根据2024年修正后的《监察法》第48条第2款的规定，对涉嫌职务犯罪的被调查人可能判处10年有期徒刑以上刑罚，监察机关依照前款规定延长期限届满，仍不能调查终结的，经国家监察委员会批准或者决定，可以再延长2个月。本案中，李四贪污300万元，属于贪污数额特别巨大，可能判处10年以上有期徒刑、无期徒刑或者死刑，因此，对其留置时间长达8个月的做法并不违法。

错误示范	**旧《监察法》第43条第2款** 留置时间不得超过3个月。在特殊情况下，可以延长1次，延长时间不得超过3个月。省级以下监察机关采取留置措施的，延长留置时间应当报上一级监察机关批准。监察机关发现采取留置措施不当的，应当及时解除。
正确示范	**新《监察法》第48条** 留置时间不得超过3个月。在特殊情况下，可以延长1次，延长时间不得超过3个月。省级以下监察机关采取留置措施的，延长留置时间应当报上一级监察机关批准。监察机关发现采取留置措施不当或者不需要继续采取留置措施的，应当及时解除或者变更为责令候查措施。 对涉嫌职务犯罪的被调查人可能判处10年有期徒刑以上刑罚，监察机关依照前款规定延长期限届满，仍不能调查终结的，经国家监察委员会批准或者决定，可以再延长2个月。 省级以上监察机关在调查期间，发现涉嫌职务犯罪的被调查人另有与留置时的罪行不同种的重大职务犯罪或者同种的影响罪名认定、量刑档次的重大职务犯罪，经国家监察委员会批准或者决定，自发现之日起依照本条第1款的规定重新计算留置时间。留置时间重新计算以1次为限。

2. 2024年大纲新增法律文件

羁押必要性审查	《羁押必要性审查、评估规定》

实战演习 邯郸中学生杀人埋尸一案，检察院经过羁押必要性审查，能否予以释放或者变更强制措施？

［定位方法］虽然在《高检规则》第十三章第五节专门规定了羁押必要性审查的相关程序，但是由于2024年大纲新增了《羁押必要性审查、评估规定》，因此，根据新增考点找新法的原则，应当索引最新的《羁押必要性审查、评估规定》第18条的规定。

《羁押必要性审查、评估规定》第18条 经审查、评估，发现犯罪嫌疑人、被告人具有下列情形之一的，一般不予释放或者变更强制措施：

（一）涉嫌危害国家安全犯罪、恐怖活动犯罪、黑社会性质组织犯罪、重大毒品犯罪或者其他严重危害社会的犯罪；

（二）涉嫌故意杀人、故意伤害致人重伤或死亡、强奸、抢劫、绑架、放火、爆炸、投放危险物质等严重侵犯公民人身财产权利、危害公共安全的严重暴力犯罪；

（三）涉嫌性侵未成年人的犯罪；

（四）涉嫌重大贪污、贿赂犯罪，或者利用职权实施的严重侵犯公民人身权利的犯罪；

（五）可能判处10年有期徒刑以上刑罚的；

（六）因违反取保候审、监视居住规定而被逮捕的；

（七）可能毁灭、伪造证据，干扰证人作证或者串供的；

（八）可能对被害人、举报人、控告人实施打击报复的；

（九）企图自杀或者逃跑的；

（十）其他社会危险性较大，不宜释放或者变更强制措施的。

犯罪嫌疑人、被告人具有前款规定情形之一，但因患有严重疾病或者具有其他不适宜继续羁押的特殊情形，不予羁押不致发生社会危险性的，可以依法变更强制措施为监视居住、取保候审。

（二）专门问题找专规

认罪认罚从宽制度	《认罪认罚指导意见》>《刑事诉讼法》《高检规则》《刑诉解释》《公安部规定》
非法证据排除规则	《排非规程》《排非规定》>《刑事诉讼法》《刑诉解释》
庭前会议	《庭前会议规程》>《刑事诉讼法》《刑诉解释》
取保候审	《取保候审规定》>《刑事诉讼法》《高检规则》《刑诉解释》《公安部规定》
调查职务犯罪	《监察法》>《刑事诉讼法》

实战演习-1 刘某强奸杀人碎尸一案，庭前被告人不认罪，二审中突然认罪。法院还能否对被告人从宽处理？

[定位方法] 虽然认罪认罚的相关问题在《刑事诉讼法》《刑诉解释》《公安部规定》《高检规则》中均有规定，但是基于专门问题优先找特别、专门规定原则，直接定位《认罪认罚指导意见》第5、50条。

《认罪认罚指导意见》

第5条 适用阶段和适用案件范围。认罪认罚从宽制度贯穿刑事诉讼全过程，适用于侦查、起诉、审判各个阶段。

认罪认罚从宽制度没有适用罪名和可能判处刑罚的限定，所有刑事案件都可以适用，不能因罪轻、罪重或者罪名特殊等原因而剥夺犯罪嫌疑人、被告人自愿认罪认罚获得从宽处理的机会。但“可以”适用不是一律适用，犯罪嫌疑人、被告人认罪认罚后是否从宽，由司法机关根据案件具体情况决定。

第 50 条　第二审程序中被告人认罪认罚案件的处理。被告人在第一审程序中未认罪认罚，在第二审程序中认罪认罚的，审理程序依照刑事诉讼法规定的第二审程序进行。第二审人民法院应当根据其认罪认罚的价值、作用决定是否从宽，并依法作出裁判。确定从宽幅度时应当与第一审程序认罪认罚有所区别。

实战演习-2 某贪污案，调查中由于情况紧急没有使用搜查证，该程序是否合法？

［定位方法］虽然在《刑事诉讼法》中有关于搜查的规定，《公安部规定》《高检规则》中更有搜查的详细规定，但是，此处的搜查只能根据《监察法》这一特殊专门规定，如果徒儿们回答根据《刑事诉讼法》或《公安部规定》的相关规定，搜查应当出示搜查证，该回答属于法律适用错误，需要扣分。

《监察法》第 27 条　监察机关可以对涉嫌职务犯罪的被调查人以及可能隐藏被调查人或者犯罪证据的人的身体、物品、住处和其他有关地方进行搜查。在搜查时，应当出示搜查证，并有被搜查人或者其家属等见证人在场。

搜查女性身体，应当由女性工作人员进行。

监察机关进行搜查时，可以根据工作需要提请公安机关配合。公安机关应当依法予以协助。

（三）四大天王要盯紧（大哥带着三小弟）

《刑事诉讼法》
（宏观问题找大哥，微观细节找小弟）

↓

《公安部规定》
规制公安立案、侦查、执行

《高检规则》
规制检察院侦查、起诉、监督

《刑诉解释》
规制法院审判活动

［宏观定位］宏观问题找大哥，刑诉全局有规定。基本制度找龙头，程序阶段找龙身，特别程序在龙尾。

［细节定位］微观细节咋处理，分开行动找小弟，立案侦查找规定，公诉监督找规则，审判相关找解释。

实战演习-1 试分析本案是否违反了上诉不加刑原则。

（1）宏观定位找大哥（《刑事诉讼法》）→程序阶段在龙身（中间部位）→第三编第三章“第二审程序”→找到第 237 条

（2）具体细节找小弟，审判活动在解释（《刑诉解释》）→程序阶段在龙身（中间位置）→第十五章“第二审程序”→找到第 401、403 条

实战演习-2 张某贩毒一案，在侦查中监听张某电话是否合法？请简述具体监听手段的程序要求。

(1) 宏观规定找大哥（《刑事诉讼法》）→程序阶段在龙身→第二编第二章“侦查”→找到技术侦查适用条件第150条

(2) 具体细节找小弟，侦查活动找公安（《公安部规定》）→程序阶段在龙身→第八章第十节“技术侦查”→找到第265条

实战演习-3 考到死刑复核处理结果。

错误示范	《公安部规定》(×)，《高检规则》(×)
正确示范	(1) 宏观规定找大哥（《刑事诉讼法》）→程序阶段在龙身（中间部位靠后端）→第三编第四章“死刑复核程序”→找到第250条（发现不够详细）→赶紧调转方向 (2) 具体细节找小弟，审判活动在解释（《刑诉解释》）→程序阶段在龙身（中后端位置）→第十七章“死刑复核程序”→找到第429条

（四）搜索顺序：宏观→微观（考点→文件→章节→条文）

在考试系统中是不能通过“关键词”搜索到具体条文的，“关键词”可以搜到法律文件名，“关键词”可以搜到章节名。（注意了！要是用商用的法条查阅APP，那简直不要太好用了，输入几个关键字直接给你定位到具体法条上。这么用上1个月，到考场后发现和你平时用的不一样，到时候你会束手无策，手忙脚乱。）

实战演习 检察院对已经退回监察机关二次补充调查的贪污案件，在审查起诉中又发现新的强奸犯罪事实，检察院该如何处理？

错误示范1：直接搜“发现新罪”。(×)（不能通过搜索关键词搜到具体某条）

错误示范2：搜《监察法》，因为是贪污，是监委调查的案件。(×)（考点定位错误，宏观方向判断失误）

正确示范：

第一步，通过问题“审查起诉中又发现新的犯罪事实，检察院该如何处理？”定位考点，考点是“审查起诉”“检察院发现新事实”之处理。

第二步，通过考点中的“审查起诉”“检察院”这样的关键词，无论从阶段判断还是从主语判断，都应该定位到《高检规则》。

第三步，从审查起诉阶段可以判断考点出自《高检规则》龙身部分→第十章“审查逮捕和审查起诉”→第七节“审查起诉”。

第四步，通过迅速浏览该节条文，识别到条文中的关键词“发现新的犯罪事实”→锁定第 349 条。

《高检规则》第 349 条　人民检察院对已经退回监察机关二次补充调查或者退回公安机关二次补充侦查的案件，在审查起诉中又发现新的犯罪事实，应当将线索移送监察机关或者公安机关。对已经查清的犯罪事实，应当依法提起公诉。

四、具体考点的详细定位方法

第一步	先和考点套近乎（识别考点）
第二步	根据主体找文件（找到文件）（宏观问题找“大哥”，微观细节找“小弟”）
第三步	龙头龙身龙尾定部位（找到章节）
第四步	考点条文来相认（找到条文）

五、实战演练

实战演习-1 本案中院裁判生效后，当事人如果要申诉，怎么向法院申诉？怎么向检察院申诉？

第一步	先和考点套近乎	识别考点→申诉（《刑事诉讼法》《刑诉解释》《高检规则》都有规定）
第二步	根据主体找文件	（1）向法院申诉找《刑诉解释》 （2）向检察院申诉找《高检规则》
第三步	龙头龙身龙尾定部位	（1）向法院申诉在《刑诉解释》龙身→第十九章“审判监督程序” （2）向检察院申诉在《高检规则》龙尾→第十三章“刑事诉讼法律监督”→第六节“刑事判决、裁定监督”
第四步	考点条文来相认	（1）《刑诉解释》第 453~459 条 （2）《高检规则》第 593、594 条

实战演习-2 讯问未成年被告人时没有法定代理人在场，其供述能否作为定案依据？（根据考点定方向）

错误示范 1：以为考侦查→找侦查条文→找到《公安部规定》→第八章第二节“讯问犯罪嫌疑人”（×）

错误示范 2：以为考特别程序→找到《公安部规定》→第十章第一节“未成年人刑事案件诉讼程序”→第 323 条（×）

正确示范：

第一步	先和考点套近乎	识别考点→考证据中的供述审查判断
第二步	根据主体找文件	证据的详细审查判断找《刑诉解释》
第三步	龙头龙身龙尾定部位	证据审查在《刑诉解释》龙头部分→第四章第四节“被告人供述和辩解的审查与认定”
第四步	考点条文来相认	找到《刑诉解释》第94条

实战演习-3 刘某盗窃一案，在审判阶段，检察院发现刘某还涉嫌强奸罪，应如何处理？（根据主体定方向）

错误示范：审判阶段→找到《刑诉解释》→龙身部位→第九章第五节“评议案件与宣告判决”→第297条（×）

正确示范：

第一步	先和考点套近乎	识别考点→发问对象是“检察院”发现漏罪的处理
第二步	根据主体找文件	找《高检规则》
第三步	龙头龙身龙尾定部位	“审判阶段”发现漏罪→《高检规则》龙身后端→第十一章第一节“出席第一审法庭”
第四步	考点条文来相认	找到《高检规则》第423条

实战演习-4 刘某盗窃一案，在审查起诉中，检察院发现刘某还涉嫌强奸罪，该如何处理？

错误示范：发问对象是检察院→找《高检规则》→找到《高检规则》第423条（×）

正确示范：

第一步	先和考点套近乎	识别考点→发问对象是“检察院”发现漏罪的处理
第二步	根据主体找文件	找《高检规则》
第三步	龙头龙身龙尾定部位	“审查起诉中”发现漏罪→《高检规则》龙身部分→第十章第八节“起诉”
第四步	考点条文来相认	找到《高检规则》第356条

实战演习-5 刘某盗窃一案，在审判阶段，法院发现刘某还涉嫌强奸罪，该如何处理？

错误示范：找《高检规则》→找到第423条（×）或者第356条（×）

正确示范：

第一步	先和考点套近乎	识别考点→发问对象是“法院”发现新事实的处理
第二步	根据主体找文件	找《刑诉解释》
第三步	龙头龙身龙尾定部位	“审判阶段”→《刑诉解释》龙身部分→第九章第五节“评议案件与宣告判决”
第四步	考点条文来相认	找到《刑诉解释》第297条

实战演习-6　如果你是本案的检察官，请判断能否逮捕，并说明理由。

第一步	先和考点套近乎	识别“逮捕条件”
第二步	根据主体找文件	（1）宏观定位找大哥→《刑事诉讼法》→第一编第六章“强制措施”→第81条（×）（不够详细） （2）微观细节找小弟→《高检规则》
第三步	龙头龙身龙尾定部位	“强制措施”→《高检规则》龙头部分→第六章第五节“逮捕”
第四步	考点条文来相认	找到《高检规则》第128条

实战演习-7　如果检察院没有将本案某段录音录像移送法院，法院应当如何处理？

错误示范：检察院→《高检规则》→龙头部分→第五章“证据”→没找到（×）

正确示范：

第一步	先和考点套近乎	识别考点→“法院对证据材料没有移送的处理”
第二步	根据主体找文件	法院对证据审查→找《刑诉解释》
第三步	龙头龙身龙尾定部位	“证据”在《刑诉解释》龙头部分→第四章第一节“一般规定”
第四步	考点条文来相认	找到《刑诉解释》第73、74条

《刑诉解释》

第73条　对提起公诉的案件，人民法院应当审查证明被告人有罪、无罪、罪重、罪轻的证据材料是否全部随案移送；未随案移送的，应当通知人民检察院在指定时间内移送。人民检察院未移送的，人民法院应当根据在案证据对案件事实作出认定。

第74条　依法应当对讯问过程录音录像的案件，相关录音录像未随案移送的，必要时，人民法院可以通知人民检察院在指定时间内移送。人民检察院未移送，导致不能排除属于刑事诉讼法第56条规定的以非法方法收集证据情形的，对有关证据应当依法排除；导致有关证据的真实性无法确认的，不得作为定案的根据。

实战演习-8 通过电话监听手段收集的电子数据，有增加、删除、修改等情形，影响电子数据真实性的，能否作为证据使用？

错误示范 1：技术侦查→《公安部规定》（×）

错误示范 2：证据审查→《刑诉解释》→第四章“证据”→第八节“技术调查、侦查证据的审查与认定”（×）

正确示范：

第一步	先和考点套近乎	识别考点→“法院证据审查”
第二步	根据主体找文件	法院对证据审查→找《刑诉解释》
第三步	龙头龙身龙尾定部位	“证据”在《刑诉解释》龙头部分→第四章第七节“视听资料、电子数据的审查与认定”
第四步	考点条文来相认	找到《刑诉解释》第 114 条

《刑诉解释》第 114 条 电子数据具有下列情形之一的，不得作为定案的根据：

（一）系篡改、伪造或者无法确定真伪的；

（二）有增加、删除、修改等情形，影响电子数据真实性的；

（三）其他无法保证电子数据真实性的情形。

实战演习-9 最高院不予核准死刑，发回高院重审，高院能否发回中院？

第一步	先和考点套近乎	识别考点→“死刑核准程序的发回重审”
第二步	根据主体找文件	问的是法院→《刑诉解释》
第三步	龙头龙身龙尾定部位	死刑复核程序在《刑诉解释》龙身末端→第十七章“死刑复核程序”
第四步	考点条文来相认	找到《刑诉解释》第 430 条第 2 款、第 431 条

《刑诉解释》

第 430 条第 2 款 对最高人民法院发回第二审人民法院重新审判的案件，第二审人民法院一般不得发回第一审人民法院重新审判。

第 431 条 高级人民法院依照复核程序审理后报请最高人民法院核准死刑，最高人民法院裁定不予核准，发回高级人民法院重新审判的，高级人民法院可以依照第二审程序提审或者发回重新审判。

实战演习-10 罗某涉嫌受贿罪，经缺席审判审理，法院认为检察院指控的受贿罪的法律适用错误，应当认定为诈骗罪。法院应当如何处理？

错误示范：

第一步	先和考点套近乎	识别考点→“指控罪名和认定罪名不一致怎么办”

续表

第二步	根据主体找文件	问的是法院→《刑诉解释》
第三步	龙头龙身龙尾定部位	审判程序在《刑诉解释》龙身→第九章第五节“评议案件与宣告判决”
第四步	考点条文来相认	找到《刑诉解释》第 295 条（×）

《刑诉解释》第 295 条第 1 款 对第一审公诉案件，人民法院审理后，应当按照下列情形分别作出判决、裁定：

……

（二）起诉指控的事实清楚，证据确实、充分，但指控的罪名不当的，应当依据法律和审理认定的事实作出有罪判决；

……

正确示范：

第一步	先和考点套近乎	识别考点→“缺席审判的适用条件”
第二步	根据主体找文件	问的是法院→《刑诉解释》
第三步	龙头龙身龙尾定部位	“缺席审判”在《刑诉解释》龙尾→第二十四章“缺席审判程序”
第四步	考点条文来相认	找到《刑诉解释》第 604 条

《刑诉解释》第 604 条 对人民检察院依照刑事诉讼法第 291 条第 1 款的规定提起公诉的案件，人民法院审理后应当参照本解释第 295 条的规定作出判决、裁定。

作出有罪判决的，应当达到证据确实、充分的证明标准。

经审理认定的罪名不属于刑事诉讼法第 291 条第 1 款规定的罪名的，应当终止审理。

适用缺席审判程序审理案件，可以对违法所得及其他涉案财产一并作出处理。

下篇

LECTURE

03

面批面改之实战演练

案例 1 李某订婚强奸案

基本案情：

2024 年 5 月 1 日，某市国企员工李某（男，32 周岁）与王某（女，28 周岁）举行订婚仪式，李某支付彩礼 18 万元，并书面承诺婚后在房产证上加上王某的名字。次日中午，双方在李某位于阳高县某小区的家中休息时，李某提出发生性关系，遭王某拒绝。李某强行与王某发生性关系，王某反抗时抓伤李某手臂、扯落窗帘。事后，王某立即冲洗并要求离开，李某扣留其手机，并将其反锁屋内。王某点燃窗帘试图逃离。李某灭火时，王某趁机呼救，被李某拖回房间。当晚，王某报警，称被强奸。

案发当晚，王某的母亲在与李某通话时，问李某："你把王某强暴了，这是不可否认的事实，是吧？"李某回答："是的。"李某在侦查阶段供述了强奸被害人王某的具体细节；王某陈述了其被李某强奸的详细经过；王某母亲的证言证实事后王某哭诉其被李某强暴；110 接处警电话录音证实，王某及其母亲于当晚拨打 110 电话报警，王某在通话时一直泣不成声，后接警员给李某去电询问情况，李某称其与王某系第一次发生性关系；行车记录仪中的音频资料证实，李某在与王某的母亲谈话时称"我既敢做就敢担这个事情，我从来也没说我没做"；人身检查笔录及照片证实王某的手腕、双臂有淤青；现场勘验笔录及照片证实卧室榻榻米上的窗帘被拉下，客厅的窗帘有被点燃的痕迹；鉴定意见证实现场床单上的斑迹中检出李某的精斑；电梯监控视频证实案发后李某往外拖拽王某。

问题

（共46分）

1. 如果李某承认控方指控的强奸的犯罪事实，但是坚称并未插入，应当认定为未遂，本案能否适用认罪认罚从宽制度？（4 分）
2. 王某母亲的手机通话录音属于何种证据类型？如果公诉机关未移送该录音，法院应如何处理？（4 分）
3. 如果王某的母亲没有提供手机通话录音，而是向警察转述了李某在电话中承认强奸王某的事实，则该陈述是原始证据还是传来证据？是直接证据还是间接证据？该陈述能否成为李某口供的补强证据？（6 分）
4. 如果警方在立案前对李某拘传到案，并进行了询问，该供述能否作为本案的定案依据？（4 分）
5. 如果本案的侦查机关侦查终结前认为本案案情重大，通知驻看守所检察人员对李某的口供进行合法性核查，检察人员在侦查终结前询问李某时没有同步录音录像，该程序是否合法？李某的供述能否作为定案依据？（6 分）
6. 如果李某主张因“王某的处女膜完整”，且仅在床单上检测出其体液，故其并未既遂，则对于该主张，李某是否承担举证责任？如果本案只有被害人称自己被李某强奸的陈述，能否认定强奸罪既遂？（6 分）
7. 如果辩护人主张被告人李某的供述是刑讯逼供方式获取，申请排除非法证据，法院以辩护人提供的证据不充分为由，不予受理辩护人的排非申请，是否正确？（4 分）
8. 如果一审法院对被告人李某及其辩护人排除非法证据的申请未予审查，并以有关证据作为定案的根据，可能影响公正审判，二审法院该如何处理？（4 分）
9. 如果本案法院在庭前会议中，通过举证、质证，对非法证据予以排除，其做法是否正确？（4 分）
10. 如果本案的讯问录音录像与讯问笔录的内容存在实质性差异，该如何处理？（4 分）

问　答

1. 如果李某承认控方指控的强奸的犯罪事实，但是坚称并未插入，应当认定为未遂，本案能否适用认罪认罚从宽制度？（4 分）

参考答案

可以适用认罪认罚从宽制度。（2分）根据《认罪认罚指导意见》第6条的规定，“认罪”的核心是承认指控的主要犯罪事实，并不要求对犯罪形态（既遂/未遂）完全无异议。李某承认控方指控的强奸的犯罪事实，已符合“自愿如实供述自己的罪行，对指控的犯罪事实没有异议”的要件。李某主张“未插入”属于对犯罪形态的辩解，而非对主要犯罪事实（如暴力行为、主观故意）的否认。根据《认罪认罚指导意见》第6条的规定，被告人承认指控的主要犯罪事实，仅对个别事实情节（如犯罪形态）提出异议的，不影响“认罪”的认定。（2分）

2. 王某母亲的手机通话录音属于何种证据类型？如果公诉机关未移送该录音，法院应如何处理？（4分）

参考答案

（1）该手机通话录音属于视听资料。该录音的内容与案件事实相关，且形成于诉讼外、案发过程中，并以录音形式存储于手机中，因此属于视听资料。（2分）

（2）根据《刑诉解释》第 73 条的规定，人民检察院未随案移送的，人民法院应当通知人民检察院在指定时间内移送。人民检察院未移送的，人民法院应当根据在案证据对案件事实作出认定。如果该录音缺失不影响证据链条的完整性（如其他证据已充分证明存在强奸事实），法院可依法作出有罪判决；如果该录音系关键证据，且缺失导致证据不足，则法院应根据《刑事诉讼法》第 200 条第 3 项的规定，作出“证据不足、指控的犯罪不能成立”的无罪判决。(2 分)

3. **如果王某的母亲没有提供手机通话录音，而是向警察转述了李某在电话中承认强奸王某的事实，则该陈述是原始证据还是传来证据？是直接证据还是间接证据？该陈述能否成为李某口供的补强证据？（6 分）**

参考答案

（1）该陈述属于传来证据。原始证据是直接来源于案件事实的“第一手”材料（如通话录音本身），而传来证据是经过转述、复制的“第二手”材料。本案中，王某的母亲向警察转述李某在电话中的话，属于对原始内容（李某的承认）的间接传达，故属于传来证据。(2 分)

（2）该陈述属于直接证据。直接证据，是指能够单独、直接证明案件主要事实（如犯罪是否发生、谁实施了犯罪）的证据。本案中，王某的母亲转述李某承认强奸的内容（如“我既敢做就敢担这个事情”），直接指向李某实施了强奸行为，无需结合其他证据即可证明核心事实，故属于直接证据。(2 分)

（3）该陈述不能成为李某口供的补强证据。补强证据必须来源于被告人供述以外的独立渠道（如物证、证人证言、书证等），而非对供述内容的重复或转述。本案中，王某的母亲转述李某承认强奸的陈述，与李某本人的供述属于同一来源（李某的陈述），故不能成为李某口供的补强证据。(2 分)

4. 如果警方在立案前对李某拘传到案，并进行了询问，该供述能否作为本案的定案依据？（4 分）

参考答案

该供述不能作为本案的定案依据。（2 分）立案前询问属于初查程序，如果符合法律规定，收集的证据可以作为刑事证据使用。而本案中，警方在立案前非法限制了李某的人身自由，违反了《公安部规定》第 174 条第 2 款关于初查阶段“不得对被调查对象采取强制措施”之规定。根据《排非规程》第 1 条第 1 款第 3 项的规定，立案前拘传所获供述作为通过“非法限制人身自由”的方法取得的证据，必须予以排除，不得作为定案依据。（2 分）

5. 如果本案的侦查机关侦查终结前认为本案案情重大，通知驻看守所检察人员对李某的口供进行合法性核查，检察人员在侦查终结前询问李某时没有同步录音录像，该程序是否合法？李某的供述能否作为定案依据？（6 分）

参考答案

（1）程序违法。（2分）根据《排非规程》第4条的规定，核查过程应当全程同步录音录像。本案中，驻看守所检察人员在侦查终结前对李某的口供进行合法性核查，属于重大案件（强奸罪可能判处10年以上有期徒刑）的必经程序，未同步录音录像的，直接违反上述规定，属于重大程序违法。（2分）

（2）即使核查程序违法，若李某在讯问笔录中核对签名，未抗辩非法取证，且其供述与DNA、伤情、自认录音等证据链吻合，法院仍可能采纳该供述；但若李某翻供，主张被刑讯逼供，而公诉机关无法提供讯问时的同步录音录像以证明取证的合法性，该供述应依法予以排除。（2分）

6. 如果李某主张因“王某的处女膜完整”，且仅在床单上检测出其体液，故其并未既遂，则对于该主张，李某是否承担举证责任？如果本案只有被害人称自己被李某强奸的陈述，能否认定强奸罪既遂？（6分）

参考答案

（1）李某系主张自己强奸“未遂”，不承担举证责任。（2分）根据《刑事诉讼法》第51条的规定，公诉案件中被告人有罪的举证责任由检察院承担。（2分）

（2）不能认定。由于我国刑法对于强奸罪既遂的认定需证明“插入”的事实，因此，如果检察院不能提出充分证据证明强奸“既遂”的事实，则仅凭被害人陈述不足以达到“事实清楚，证据确实、充分”的标准，根据存疑有利于被告人原则，应当坚持“疑案从轻”处理，认定强奸罪未遂。（2分）

7. 如果辩护人主张被告人李某的供述是刑讯逼供方式获取，申请排除非法证据，法院以辩护人提供的证据不充分为由，不予受理辩护人的排非申请，是否正确？（4分）

参考答案

不正确。（2分）根据《排非规程》第11条第1款的规定，被告人及其辩护人申请排除非法证据，只需提供相关线索或者材料，满足该申请条件的，法院即应当召开庭前会议。法院对证据收集的合法性有疑问的，应当在庭审中进行调查。在调查中，检察院承担证据收集合法性的证明责任；若其无法证明，则应当排除该供述。因此，法院以辩护人提供的证据不充分为由，不予受理辩护人的排非申请的，属于变相要求辩护人承担了举证责任，是错误的。（2分）

8. 如果一审法院对被告人李某及其辩护人排除非法证据的申请未予审查，并以有关证据作为定案的根据，可能影响公正审判，二审法院该如何处理？（4分）

参考答案

二审法院应当撤销原判，发回重审。（2 分）一审法院对被告人及其辩护人排除非法证据的申请未予审查的，相当于剥夺或者限制了当事人的法定诉讼权利，可能影响公正审判，属于严重的程序违法，根据《刑事诉讼法》第 238 条第 3 项及《排非规程》第 33 条的规定，二审法院应当撤销原判，发回重审。（2 分）

9. 如果本案法院在庭前会议中，通过举证、质证，对非法证据予以排除，其做法是否正确？（4 分）

参考答案

不正确。（2 分）根据《庭前会议规程》第 3 条、第 20 条第 1 款的规定，庭前会议仅用于了解情况、听取意见、归纳争议焦点等，而不得进行实质性质证、辩论，变相进行实体审理。若庭前会议中，控辩双方对证据收集的合法性未达成一致意见，则法院必须在庭审中启动专门调查程序。庭前会议直接决定证据排除，剥夺了控辩双方对非法证据问题的庭审质证权和辩论权。（2 分）

10. 如果本案的讯问录音录像与讯问笔录的内容存在实质性差异，该如何处理？（4 分）

参考答案

以讯问录音录像为准。（2分）根据《排非规程》第24条第4项和第27条第2项的规定，讯问笔录记载的内容与讯问录音录像存在实质性差异的，以讯问录音录像为准。除因技术故障等客观原因外，讯问录音录像存在选择性录制、剪接、删改等情形的，该部分讯问笔录不得作为定案的根据。（2分）

案例2　余某某交通肇事案

基本案情：

2019年6月5日21时许，被告人余某某酒后驾车从海淀区回门头沟区住所，在门头沟区撞倒被害人宋某致其死亡，撞人后余某某逃逸并擦拭车身血迹再回现场观望又逃离，次日投案。事故认定余某某为酒后驾车撞人并逃逸，负事故全部责任。后余某某赔偿死者家属160万元，认罪认罚，具结同意检方判三缓四的量刑建议。一审法院以原公诉机关适用缓刑的量刑建议明显不当为由建议其调整，公诉机关坚持不调整量刑建议。

一审法院适用简易程序审理后认为，被告人余某某作为一名纪检干部，本应严格要求自己，其明知酒后不能驾车，但仍酒后驾车从海淀区回门头沟区住所，且在发生交通事故后逃逸，特别是逃逸后擦拭车身血迹，回现场附近观望后仍逃离，意图逃避法律追究，表明其主观恶性较大，判处缓刑不足以惩戒犯罪，因此对于公诉机关判处缓刑的量刑建议，该院不予采纳。鉴于被告人余某某自动投案，到案后如实供述犯罪事实，可认定为自首，依法减轻处罚；其系初犯，案发后其家属积极赔偿被害人家属经济损失，得到被害人家属谅解，可酌情从轻处罚。据此，北京市门头沟区人民法院判决：被告人余某某犯交通肇事罪，判处有期徒刑2年。

北京市门头沟区人民检察院的抗诉意见认为：一审判决量刑错误。余某某符合适用缓刑条件，该院提出的量刑建议适当。一审法院不采纳量刑建议的理由不能成立。一审法院在无法定理由情况下予以改判，既不符合《刑事诉讼法》的规定，也不符合认罪认罚从宽制度的规定和精神，属于程序违法。

二审庭审中，检察官、上诉人及辩护人对于余某某酒后驾驶机动车发生事故致一人死亡的事实均无异议。

问题　（共34分）

1. 如果余某某对检察院指控的交通肇事罪相关的犯罪事实表示认可，但是不承认自己当时意识到撞到行人，而现有客观证据足以证明其应当知道自己撞到行人的事实，则法院能否认定自首？能否适用认罪认罚从宽制度？（4分）
2. 假如余某某拒绝法院适用简易程序，是否影响对其认罚的认定？（4分）

3. 本案如果没有就民事赔偿达成协议，被害人的近亲属不同意对余某某从宽处理，本案还能否适用认罪认罚从宽制度？（4分）
4. 本案余某某自愿认罪认罚，并在辩护人的见证下签署具结书，检察院依法向法院提出判处有期徒刑3年缓刑4年的量刑建议。假如一审法院认为该量刑建议明显不当，直接作出了与检察院量刑建议不同的判决，法院的做法是否合法？检察院针对此情形应当如何进行监督？（4分）
5. 如果余某某认罪认罚，但是庭审中辩护人当庭作无罪辩护，检察院能否因辩护人作无罪辩护而撤回从宽量刑建议？（4分）
6. 假如一审法院认定被告人认罪认罚，依法采纳了检察院的量刑建议从轻处理后，余某某反悔上诉，认为其归案后自愿认罪认罚，原判量刑过重，请求二审法院对其从轻处罚，二审法院能否加重量刑？（4分）
7. 本案二审法院在人民检察院以一审量刑过重为由提出抗诉的情况下，判处被告人余某某3年6个月，是否违反了上诉不加刑原则？请从现行法律规定以及法理角度分别加以评价。（6分）
8. 如果本案余某某申请召开庭前会议，而法院以案情简单为由拒绝其申请，法院的处理是否妥当？（4分）

问 答

1. 如果余某某对检察院指控的交通肇事罪相关的犯罪事实表示认可，但是不承认自己当时意识到撞到行人，而现有客观证据足以证明其应当知道自己撞到行人的事实，则法院能否认定自首？能否适用认罪认罚从宽制度？（4分）

参考答案

不能认定自首。(1分)根据《刑法》第67条第1款及相关司法解释的规定，认定自首需满足两项条件：①自动投案；②如实供述主要犯罪事实，即需完整供述与定罪量刑密切相关的事实，包括逃逸情节。根据事故现场客观证据，能综合证明行为人应当明知撞人的，其否认逃逸的供述属于避重就轻的虚假陈述，隐瞒了逃逸的关键事实，与自首要求的“如实供述”相悖。(1分)

可以适用认罪认罚从宽制度。(1分)根据《认罪认罚指导意见》第6条的规定，即使余某某对当时是否明知撞到行人的情节提出异议，只要其对人民检察院指控的犯罪事实没有异议，就不影响“认罪”的认定，本案依然可以适用认罪认罚从宽制度。(1分)

2. 假如余某某拒绝法院适用简易程序，是否影响对其认罚的认定？(4分)

参考答案

不影响对其认罚的认定。(2分)根据《认罪认罚指导意见》第7条第2款的规定，余某某在认罪认罚的情况下，仍享有程序选择权，不同意适用速裁程序、简易程序的，不影响“认罚”的认定。(2分)

3. 本案如果没有就民事赔偿达成协议，被害人的近亲属不同意对余某某从宽处理，本案还能否适用认罪认罚从宽制度？(4分)

参考答案

可以适用认罪认罚从宽制度。（2 分）本案被害人的近亲属不同意对认罪认罚的余某某从宽处理的，不影响认罪认罚从宽制度的适用。（1 分）犯罪嫌疑人、被告人认罪认罚，但没有退赃退赔、赔偿损失，未能与被害方达成调解或者和解协议的，从宽时应当予以酌减。（1 分）

参考条文《认罪认罚指导意见》第 18 条

4. 本案余某某自愿认罪认罚，并在辩护人的见证下签署具结书，检察院依法向法院提出判处有期徒刑 3 年缓刑 4 年的量刑建议。假如一审法院认为该量刑建议明显不当，直接作出了与检察院量刑建议不同的判决，法院的做法是否合法？检察院针对此情形应当如何进行监督？（4 分）

参考答案

一审法院在未建议检察院调整量刑建议的情况下，直接作出了与检察院量刑建议不同的判决，属于程序违法。（1 分）根据《刑事诉讼法》第 201 条第 2 款的规定，人民法院经审理认为量刑建议明显不当的，人民检察院可以调整量刑建议。人民检察院不调

整量刑建议或者调整量刑建议后仍然明显不当的，人民法院应当依法作出判决。（1分）

根据《量刑建议指导意见》第37条的规定，人民法院未告知人民检察院调整量刑建议而直接作出判决的，人民检察院一般应当以违反法定程序为由依法提出抗诉。（2分）

5. 如果余某某认罪认罚，但是庭审中辩护人当庭作无罪辩护，检察院能否因辩护人作无罪辩护而撤回从宽量刑建议？（4分）

参考答案

不能。（2分）辩护人有独立的辩护地位，即便被告人认罪认罚，辩护人仍然可以作无罪辩护。（1分）在这种情况下，人民检察院应当核实被告人认罪认罚的真实性、自愿性。被告人仍然认罪认罚的，可以继续适用认罪认罚从宽制度；被告人反悔不再认罪认罚的，人民检察院应当建议人民法院不再适用认罪认罚从宽制度，撤回从宽量刑建议，并建议法院在量刑时考虑相应情况。（1分）

参考条文《量刑建议指导意见》第34、35条

6. 假如一审法院认定被告人认罪认罚，依法采纳了检察院的量刑建议从轻处理后，余某某反悔上诉，认为其归案后自愿认罪认罚，原判量刑过重，请求二审法院对其从轻处罚，二审法院能否加重量刑？（4分）

参考答案

本案二审法院不得加重被告人的刑罚。（2分）

即使在适用认罪认罚从宽程序的案件中，被告人的上诉权也不能受到限制。根据《刑事诉讼法》第227条第3款的规定，对被告人的上诉权，不得以任何借口加以剥夺。（1分）虽然被告人签署了认罪认罚具结书，据此获得量刑减让，一审宣判后又以量刑过重为由提出上诉，确实违背了之前认罪认罚的承诺，其行为有违诚实信用原则，但根据现行法律的规定，被告人不服一审判决，仍然可以提出上诉。又根据《刑事诉讼法》第237条的规定，第二审人民法院审理被告人或者他的法定代理人、辩护人、近亲属上诉的案件，不得加重被告人的刑罚。人民检察院提出抗诉或者自诉人提出上诉的，不受前款规定的限制。（1分）

7. 本案二审法院在人民检察院以一审量刑过重为由提出抗诉的情况下，判处被告人余某某3年6个月，是否违反了上诉不加刑原则？请从现行法律规定以及法理角度分别加以评价。（6分）

参考答案

根据《刑事诉讼法》第237条第2款的规定，本案在人民检察院提出抗诉的情况下加重余某某的刑罚，并没有违反现行法律的规定。（1分）我国《刑事诉讼法》对于检察机关的抗诉并未区分有利于被告的抗诉和不利于被告的抗诉，更没有关于在检察机关提出有利于被告的抗诉的情况下，二审法院不得加重被告人刑罚的规定。相反，《刑事诉讼法》明确规定，检察机关提出抗诉的，不受上诉不加刑原则的限制。根据《宪法》确定的司法原则，人民法院判处案件应“以法律为准绳”。在此情形下，即使判决有错，也不是司法之错，而是立法之错，应当通过修改法律加以解决。(1 分)

从理论上分析，本案的处理违反了上诉不加刑原则的立法精神。根据“禁止不利益变更”的法理，二审法院不得主动作出对被告人不利之变更。(1 分) 在检察机关支持被告人抗诉求轻的情况下，法院二审反向作出重判，虽然具备现时的“合法性”，但正当性与合理性不足。控诉方支持被告人，要求从轻处罚，而法院从重判处，势必形成法院既为裁判机关，又为控诉者的“自诉自审”现象，有违一般程序公正法理。(1 分)

总之，在现行法律框架下，认为本案二审判决加重刑罚违反了上诉不加刑原则于法无据，该判决应当是“合法”的。至于从法理上分析的其所存在的不合理问题，应当通过推动完善法律来解决。(2 分)

8. **如果本案余某某申请召开庭前会议，而法院以案情简单为由拒绝其申请，法院的处理是否妥当？(4 分)**

参考答案

法院的处理妥当。(2 分) 根据《庭前会议规程》第 2 条第 1 款的规定，控辩双方可以申请人民法院召开庭前会议。申请召开庭前会议的，应当说明需要处理的事项及理由。人民法院经审查认为有必要的，应当决定召开庭前会议；决定不召开庭前会议的，应当告知申请人。可知，即便被告人申请召开，法院也不是必须召开庭前会议。(2 分)

案例3 汪某刚贪污、行贿、受贿案

基本案情：

汪某刚涉嫌贪污、行贿、受贿等多起犯罪事实。2018年6月1日，Q市监察委员会对汪某刚启动立案调查。经依法审批，监察机关强制汪某刚到案接受调查3天。考虑到汪某刚患有严重疾病，经监察机关依法审批，决定对其采取责令候查措施。其间，监察机关不允许汪某刚离开指定的居所。监察机关依照规定查询、冻结了汪某刚的存款、汇款、债券、股票、基金份额等财产。监察机关对汪某刚的别墅进行了搜查。在搜查时，由于情况紧急未出示搜查证，搜查时有被搜查人及其家属等见证人在场。监察机关掌握了汪某刚部分违法犯罪事实及证据，考虑到汪某刚可能逃跑、自杀，2018年6月8日，经依法审批，监察机关决定对汪某刚进行管护，3天后将其送留置场所。2018年6月20日，经Q市监察委直接决定，对汪某刚采取了留置措施。对汪某刚采取留置措施后，考虑到其没有毁灭、伪造证据，干扰证人作证或者串供等有碍调查的情形，监察机关在留置汪某刚后第3天通知了汪某刚的单位和家属。由于本案案情复杂，监察机关留置汪某刚长达16个月。调查阶段，汪某刚要求委托辩护人，监察机关以该请求无法律依据为由予以拒绝。2018年8月1日，监察机关经调查认为汪某刚犯罪事实清楚，证据确实、充分，制作了起诉意见书，连同案卷材料、证据一并移送人民检察院审查起诉。人民检察院继续对汪某刚采取了留置措施。人民检察院经审查，认为该案所涉部分行贿款项需要核实，于是自行补充侦查。审查起诉期间，汪某刚趁住院之机潜逃境外。

问题（共33分）

1. 请简述本案的程序违法之处。（9分）
2. 审查起诉阶段，人民检察院退回监察机关补充调查2次后，又发现汪某刚还涉嫌强奸的犯罪事实。针对此情形，人民检察院应当如何处理？（2分）
3. 本案能否适用缺席审判程序？如果经缺席审理，法院认为检察院指控的受贿罪法律适用错误，应当认定为诈骗罪，法院应当如何处理？（4分）
4. 如果本案在调查过程中，汪某刚自杀身亡，可否对汪某刚适用缺席审判程序？针对本案汪某刚的涉案赃款赃物，监察机关应当如何处理？（4分）

5. 如果法院适用缺席审理判决生效后，被告人汪某刚被抓获，法院该如何处理？（3 分）
6. 假如本案被告人汪某刚在审判阶段潜逃境外，法院应如何处理？（3 分）
7. 本案如果被告人汪某刚在审判阶段突发精神病，能否适用强制医疗程序？如果不能，在满足什么条件时，法院可以在汪某刚缺席的情形下追究其刑事责任？（4 分）
8. 如果 Q 市中院判处汪某刚无期徒刑，汪某刚不服，提起上诉，高院以事实不清为由发回重审，中院改判其有期徒刑 6 年，检察院以量刑过轻为由提出抗诉，则高院改判汪某刚死刑，缓期二年执行，是否合法？（4 分）

问　答

1. 请简述本案的程序违法之处。（9 分）

参考答案

本案存在以下程序违法：

（1）监察机关强制汪某刚到案接受调查3天程序违法。根据《监察法》第21条的规定，监察机关经依法审批，可以强制涉嫌严重职务违法或者职务犯罪的被调查人到案接受调查。但是，根据《监察法》第46条第2款的规定，强制到案持续的时间不得超过12小时；需要采取管护或者留置措施的，强制到案持续的时间不得超过24小时。（1分）

（2）责令候查期间，监察机关不允许汪某刚离开指定的居所程序违法。根据《监察法》第23条第2款第1项的规定，被责令候查人员未经监察机关批准不得离开所居住的直辖市、设区的市的城市市区或者不设区的市、县的辖区。本案中，监察机关不允许汪某刚离开指定的居所于法无据。（1分）

（3）监察机关在搜查时未出示搜查证程序违法。根据《监察法》第27条第1款的规定，在搜查时，应当出示搜查证，并有被搜查人或者其家属等见证人在场。（1分）

（4）监察机关对汪某刚进行管护，3天后将其送留置场所程序违法。根据《监察法》第25条第2款的规定，采取管护措施后，应当立即将被管护人员送留置场所，至迟不得超过24小时。（1分）

（5）管护超过法定期限程序违法。根据《监察法》第46条第4款的规定，监察机关采取管护措施的，应当在7日以内依法作出留置或者解除管护的决定，特殊情况下可以延长1~3日。本案中，汪某刚于2018年6月8日被管护，6月20日才被决定留置，超过了法定最长期限。（1分）

（6）Q市监察委直接决定对汪某刚采取留置措施程序违法。根据《监察法》第47条的规定，监察机关采取留置措施，应当由监察机关领导人员集体研究决定。设区的市级以下监察机关采取留置措施，应当报上一级监察机关批准。（1分）

（7）监察机关在留置汪某刚后第3天通知了汪某刚的单位和家属程序违法。根据《监察法》第50条第1款的规定，采取留置措施后，应当在24小时以内，通知被留置人员所在单位和家属，但有可能伪造、隐匿、毁灭证据，干扰证人作证或者串供等有碍调查情形的除外。有碍调查的情形消失后，应当立即通知被留置人员所在单位和家属。（1分）

（8）监察机关留置汪某刚长达16个月程序违法。根据《监察法》第48条的规定，留置时间不得超过3个月。在特殊情况下，可以延长1次，延长时间不得超过3个月。省级以下监察机关采取留置措施的，延长留置时间应当报上一级监察机关批准。对涉嫌职务犯罪的被调查人可能判处10年有期徒刑以上刑罚，监察机关依照前款规定延长期限届满，仍不能调查终结的，经国家监察委员会批准或者决定，可以再延长2个月。省级以上监察机关在调查期间，发现涉嫌职务犯罪的被调查人另有与留置时的罪行不同种的重大职务犯罪或者同种的影响罪名认定、量刑档次的重大职务犯罪，经国家监察委员会批准或者决定，自发现之日起依照本条第1款的规定重新计算留置时间。留置时间重新计算以1次为限。也就是说，监察机关的留置时间最长为14个月（3+3+2+6）。（1分）

（9）人民检察院继续对汪某刚采取留置措施程序违法。根据《刑事诉讼法》第170条第2款的规定，对于监察机关移送起诉的已采取留置措施的案件，人民检察院应当对犯罪嫌疑人先行拘留，留置措施自动解除。（1分）

2. 审查起诉阶段，人民检察院退回监察机关补充调查2次后，又发现汪某刚还涉嫌强奸的犯罪事实。针对此情形，人民检察院应当如何处理？（2分）

参考答案

根据《高检规则》第349条的规定，人民检察院对已经退回监察机关2次补充调查的案件，在审查起诉中又发现强奸的犯罪事实，应当将强奸罪的线索移送公安机关。对已经查清的贪污、行贿、受贿的犯罪事实，应当依法提起公诉。（2分）

3. 本案能否适用缺席审判程序？如果经缺席审理，法院认为检察院指控的受贿罪法律适用错误，应当认定为诈骗罪，法院应当如何处理？（4分）

参考答案

（1）本案可以适用缺席审判程序对汪某刚进行审理。根据《刑事诉讼法》第291条第1款的规定，对于贪污贿赂犯罪案件，以及需要及时进行审判，经最高人民检察院核准的严重危害国家安全犯罪、恐怖活动犯罪案件，犯罪嫌疑人、被告人在境外，监察机关、公安机关移送起诉，人民检察院认为犯罪事实已经查清，证据确实、充分，依法应当追究刑事责任的，可以向人民法院提起公诉。人民法院进行审查后，对于起诉书中有明确的指控犯罪事实，符合缺席审判程序适用条件的，应当决定开庭审判。（2分）

（2）根据《刑诉解释》第604条第3款的规定，本案法院经缺席审判程序审理认定的罪名为诈骗罪而非受贿罪的，应当终止审理。（2分）

4. 如果本案在调查过程中，汪某刚自杀身亡，可否对汪某刚适用缺席审判程序？针对本案汪某刚的涉案赃款赃物，监察机关应当如何处理？（4分）

参考答案

（1）在调查过程中，如果汪某刚自杀身亡，不能对其适用缺席审判程序审理。根据《刑事诉讼法》第 291 条第 1 款的规定，对于贪污贿赂犯罪案件，仅限犯罪嫌疑人、被告人在境外，方可适用缺席审判程序。又根据《刑事诉讼法》第 297 条第 1 款的规定，被告人死亡的，人民法院应当裁定终止审理，但有证据证明被告人无罪，人民法院经缺席审理确认无罪的，应当依法作出判决。本案由于汪某刚在调查阶段就已经死亡，不符合缺席审判程序的适用条件。(2 分)

（2）根据《监察法》第 55 条的规定，被调查人汪某刚自杀身亡的，针对汪某刚的涉案赃款赃物，由监察机关提请人民检察院依照法定程序，向人民法院提出没收违法所得的申请。(2 分)

5. 如果法院适用缺席审理判决生效后，被告人汪某刚被抓获，法院该如何处理？(3 分)

参考答案

人民法院应当将罪犯汪某刚交付执行刑罚。交付执行刑罚前，人民法院应当告知汪某刚有权对判决、裁定提出异议。（1 分）汪某刚对判决、裁定提出异议的，人民法院应当重新审理。（1 分）依照生效判决、裁定对汪某刚的财产进行的处理确有错误的，应当予以返还、赔偿。(1 分)

参考条文《刑事诉讼法》第 295 条第 2、3 款

6. 假如本案被告人汪某刚在审判阶段潜逃境外，法院应如何处理？(3 分)

参考答案

在审理案件过程中，被告人汪某刚潜逃境外的，人民法院可以裁定中止审理。(1分)

(1) 汪某刚在通缉1年后不能到案，依法应当追缴其违法所得及其他涉案财产的，人民检察院可以向人民法院提出没收违法所得的申请（1分）；

(2) 人民检察院认为犯罪事实已经查清，证据确实、充分，依法应当追究刑事责任的，可以按照缺席审判程序向人民法院提起公诉（1分）。

参考条文《刑事诉讼法》第206条第1款第2项；《刑诉解释》第626条

7. 本案如果被告人汪某刚在审判阶段突发精神病，能否适用强制医疗程序？如果不能，在满足什么条件时，法院可以在汪某刚缺席的情形下追究其刑事责任？(4分)

参考答案

(1) 本案对被告人汪某刚不能适用强制医疗程序。因为汪某刚只是在审判中突发精神病，并不属于不承担刑事责任的精神病人。另外，本案也不属于暴力犯罪案件，不符合强制医疗的条件。(2分)

（2）如果被告人汪某刚在审判阶段突发精神病，中止审理超过6个月，汪某刚仍无法出庭，汪某刚及其法定代理人、近亲属申请或者同意恢复审理，人民法院可以缺席审判。汪某刚无法表达意愿的，其法定代理人、近亲属可以代为申请或者同意恢复审理。（2分）

参考条文《刑诉解释》第605、630条

8. 如果Q市中院判处汪某刚无期徒刑，汪某刚不服，提起上诉，高院以事实不清为由发回重审，中院改判其有期徒刑6年，检察院以量刑过轻为由提出抗诉，则高院改判汪某刚死刑，缓期二年执行，是否合法？（4分）

参考答案

不合法，高院违反了上诉不加刑原则。（2分）根据《刑诉解释》第403条第2款的规定，对被告人提出上诉，人民检察院未提出抗诉的案件，原审人民法院对上诉发回重新审判的案件依法作出判决后，人民检察院抗诉的，第二审人民法院不得改判为重于原审人民法院第一次判处的刑罚。本案中，高院再次审理后，可以在有期徒刑6年的基础上加重汪某刚的刑罚，但是不能突破原Q市中院判处的无期徒刑。（2分）

图书在版编目（CIP）数据

主观题采分有料. 刑诉法 / 向高甲编著. -- 北京 : 中国政法大学出版社，2025. 8. -- ISBN 978-7-5764-2160-6

Ⅰ. D920.4

中国国家版本馆 CIP 数据核字第 2025X42P87 号

出 版 者	中国政法大学出版社
地　　址	北京市海淀区西土城路 25 号
邮寄地址	北京 100088 信箱 8034 分箱　邮编 100088
网　　址	http://www.cuplpress.com (网络实名：中国政法大学出版社)
电　　话	010-58908285(总编室) 58908433（编辑部） 58908334(邮购部)
承　　印	河北翔驰润达印务有限公司
开　　本	787mm×1092mm　1/16
印　　张	8.5
字　　数	210 千字
版　　次	2025 年 8 月第 1 版
印　　次	2025 年 8 月第 1 次印刷
定　　价	55.00 元

厚大法考（西安）2025年主观题面授教学计划

班次名称		授课时间	标准学费（元）	阶段优惠(元)		配套资料
				5.10前	7.10前	
大成系列	主观集训A班	7.10~10.8	13800	协议班次,无优惠。一对一批改服务、班班督学。2025年主观题考试未通过,退9000元。		配备本班次配套图书及随堂内部资料
	主观集训B班	7.10~10.8	13800	8880	9380	
冲刺系列	主观接力A班	9.25~10.8	11800	一对一精批讲解,班班督学、班级群打卡、魔鬼训练。2025年主观题考试未通过,退8000元。		
	主观接力B班	9.25~10.8	10800	6880	7380	

各阶段优惠政策：

1. 2人（含）以上团报，每人优惠200元；3人（含）以上团报，每人优惠300元。
2. 厚大面授老学员在阶段优惠基础上再享9折优惠，不再享受其他优惠。
3. 协议班次、VIP班次不适用以上优惠政策。

PS：课程时间根据2025年司法部公布的主观题考试时间相应调整。

【西安分校地址】陕西省西安市雁塔区长安南路449号丽融大厦1802室（西北政法大学北校区对面）
联系方式：18691857706 李老师

厚大法考（南京、杭州）2025年主观题面授教学计划

班次名称		授课时间	标准学费（元）	阶段优惠(元)		配套资料
				5.10前	7.10前	
冲刺系列	主观决胜VIP班	9.21~10.8	13800	协议班次,无优惠。随报随学,专属辅导,一对一批阅。2025年主观题考试未通过,退10000元。		配备本班次配套图书及随堂内部资料
	主观决胜班	9.21~10.8	13800	6800	7300	
	国庆密训营	9.30~10.8	16800	协议班次,无优惠。限额招生,额满为止。2025年主观题考试未通过,全额退费。		
	主观点睛冲刺班	9.30~10.8	6800	4080	4380	

各阶段优惠政策：

1. 多人报名可在优惠价格基础上再享团报优惠（协议班次除外）：3人（含）以上报名，每人优惠200元；5人（含）以上报名，每人优惠300元；8人（含）以上报名，每人优惠500元。
2. 厚大面授老学员报名再享9折优惠（协议班次除外）。

PS：课程时间根据2025年司法部公布的主观题考试时间相应调整。

【南京分校地址】江苏省南京市江宁区宏运大道1890号厚大法考南京教学基地　咨询热线：025-84721211
【杭州分校地址】浙江省杭州市钱塘区二号大街515号智慧谷2幢1009室（厚大教育）　咨询热线：0571-28187005

厚大法考APP　厚大法考官博　西安厚大法考官微　西安厚大法考官博　南京厚大法考官博　杭州厚大法考官博